VORWORT

Die Sammlung "Alles wird gut!" von T&P Books ist für Menschen, die für Tourismus und Geschäftsreisen ins Ausland reisen. Die Sprachführer beinhalten, was am wichtigsten ist - die Grundlagen für eine grundlegende Kommunikation. Dies ist eine unverzichtbare Reihe von Sätzen um zu "überleben", während Sie im Ausland sind.

Dieser Sprachführer wird Ihnen in den meisten Fällen helfen, in denen Sie etwas fragen müssen, Richtungsangaben benötigen, wissen wollen wie viel etwas kostet usw. Es kann auch schwierige Kommunikationssituationen lösen, bei denen Gesten einfach nicht hilfreich sind.

Dieses Buch beinhaltet viele Sätze, die nach den wichtigsten Themen gruppiert wurden. Ein separater Teil des Buches bietet auch ein kleines Wörterbuch mit mehr als 1.500 wichtigen und nützlichen Wörtern. Das Wörterbuch beinhaltet eine praktische Transkription jedes Fremdworts.

Nehmen Sie den "Alles wird gut" Sprachführer mit Ihnen auf die Reise und Sie werden einen unersetzlichen Begleiter haben, der Ihnen helfen wird, Ihren Weg aus jeder Situation zu finden und Ihnen beibringen wird keine Angst beim Sprechen mit Ausländern zu haben.

INHALTSVERZEICHNIS

T&P Books Publishing

Reisesprachführersammlung
"Alles wird gut!"

T&P Books Publishing

SPRACHFÜHRER

– AFRIKAANS –

Die nützlichsten Wörter und Sätze

Dieser Sprachführer beinhaltet die häufigsten Sätze und Fragen, die für die grundlegende Kommunikation mit Ausländern benötigt wird

Andrey Taranov

T&P BOOKS

Sprachführer + Wörterbuch mit 1500 Wörtern

Sprachführer Deutsch-Afrikaans und Kompaktwörterbuch mit 1500 Wörtern

Von Andrey Taranov

Die Sammlung "Alles wird gut!" von T&P Books ist für Menschen, die für Tourismus und Geschäftsreisen ins Ausland reisen. Die Sprachführer beinhalten, was am wichtigsten ist - die Grundlagen für eine grundlegende Kommunikation. Dies ist eine unverzichtbare Reihe von Sätzen um zu "überleben", während Sie im Ausland sind.

Ein weiterer Teil des Buches bietet auch ein kleines Wörterbuch mit über 1.500 alphabetisch angeordneten, nützlichen Wörtern. Das Wörterbuch beinhaltet viele gastronomische Begriffe und wird Ihnen hilfreich bei der Bestellung von Essen in einem Restaurant oder beim Kauf von Lebensmitteln im Lebensmittelgeschäft sein.

T&P Books Publishing
www.tpbooks.com

ISBN: 978-1-78716-575-5

Dieses Buch ist auch im E-Book Format erhältlich.
Besuchen Sie uns auch auf www.tpbooks.com oder auf einer der bedeutenden Buchhandlungen online.

AUSSPRACHE

T&P phonetisches Alphabet	Afrikaans Beispiel	Deutsch Beispiel
[a]	land	schwarz
[ã]	straat	Zahlwort
[æ]	hout	ärgern
[o], [ɔ]	Australië	wohnen, oft
[e]	metaal	Pferde
[ɛ]	aanlê	essen
[ə]	filter	halte
[ɪ]	uur	Mitte
[i]	billik	ihr, finden
[ĩ]	naïef	Militärbasis
[o]	koppie	orange
[ø]	akteur	können
[œ]	fluit	Hölle
[u]	hulle	kurz
[ʊ]	hout	dumm
[b]	bakker	Brille
[d]	donder	Detektiv
[f]	navraag	fünf
[g]	burger	gelb
[h]	driehoek	brauchbar
[j]	byvoeg	Jacke
[k]	kamera	Kalender
[l]	loon	Juli
[m]	môre	Mitte
[n]	neef	Vorhang
[p]	pyp	Polizei
[r]	rigting	richtig
[s]	oplos	sein
[t]	lood, tenk	still
[v]	bewaar	November
[w]	oorwinnaar	schwanger
[z]	zoem	sein
[dʒ]	enjin	Kambodscha
[ʃ]	artisjok	Chance
[ŋ]	kans	Känguru

T&P phonetisches Alphabet	Afrikaans Beispiel	Deutsch Beispiel
[ʧ]	tjek	Matsch
[ʒ]	beige	Regisseur
[x]	agent	billig

LISTE DER ABKÜRZUNGEN

Deutsch. Abkürzungen

Adj	-	Adjektiv
Adv	-	Adverb
Amtsspr.	-	Amtssprache
f	-	Femininum
f, n	-	Femininum, Neutrum
Fem.	-	Femininum
m	-	Maskulinum
m, f	-	Maskulinum, Femininum
m, n	-	Maskulinum, Neutrum
Mask.	-	Maskulinum
n	-	Neutrum
pl	-	Plural
Sg.	-	Singular
ugs.	-	umgangssprachlich
unzähl.	-	unzählbar
usw.	-	und so weiter
v mod	-	Modalverb
vi	-	intransitives Verb
vi, vt	-	intransitives, transitives Verb
vt	-	transitives Verb
zähl.	-	zählbar
z.B.	-	zum Beispiel

T&p BOOKS

AFRIKAANS SPRACHFÜHRER

Dieser Teil beinhaltet
wichtige Sätze, die sich in
verschiedenen realen
Situationen als nützlich
erweisen können.
Der Sprachführer wird Ihnen
dabei helfen nach dem Weg
zu fragen, einen Preis
zu klären, Tickets zu kaufen
und Essen in einem
Restaurant zu bestellen.

T&P Books Publishing

INHALT SPRACHFÜHRER

T&P Books Publishing

Entschuldigen Sie bitte, ...

Verskoon my, ...
[ferskoən maj, ...]

Hallo.

Hallo.
[hallo.]

Danke.

Baie dankie.
[baje danki.]

Auf Wiedersehen.

Totsiens.
[totsiŋs.]

Ja.

Ja.
[ja.]

Nein.

Nee.
[neə.]

Ich weiß nicht.

Ek weet nie.
[ɛk veət ni.]

Wo? | Wohin? | Wann?

Waar? | Waarheen? | Wanneer?
[vãr? | vãrheən? | vanneər?]

Ich brauche ...

Ek het ... nodig
[ɛk het ... nodəχ]

Ich möchte ...

Ek wil ...
[ɛk vil ...]

Haben Sie ...?

Het u ...?
[het u ...?]

Gibt es hier ...?

Is hier 'n ...?
[is hir ə ...?]

Kann ich ...?

Mag ek ...?
[maχ ek ...?]

Bitte (anfragen)

... asseblief
[... asseblif]

Ich suche ...

Ek soek ...
[ɛk suk ...]

die Toilette

toilet
[tojlet]

den Geldautomat

OTM
[o·te·em]

die Apotheke

apteek
[apteək]

das Krankenhaus

hospitaal
[hospitãl]

die Polizeistation

polisiekantoor
[polisi·kantoər]

die U-Bahn

moltrein
[moltræjn]

das Taxi	**taxi** [taksi]
den Bahnhof	**stasie** [stasi]

Ich heiße ...	**My naam is ...** [maj nãm is ...]
Wie heißen Sie?	**Wat is u naam?** [vat is u nãm?]
Helfen Sie mir bitte.	**Kan u my help, asseblief?** [kan u maj hɛlp, asseblif?]
Ich habe ein Problem.	**Ek het 'n probleem.** [ɛk het ə probleəm.]
Mir ist schlecht.	**Ek voel nie lekker nie.** [ɛk ful ni lɛkkər ni.]
Rufen Sie einen Krankenwagen!	**Bel 'n ambulans!** [bel ə ambulaŋs!]
Darf ich telefonieren?	**Kan ek 'n oproep maak?** [kan ɛk ə oprup mãk?]

Entschuldigung.	**Jammer.** [jammər.]
Keine Ursache.	**Plesier.** [plesir.]

ich	**Ek, my** [ek, maj]
du	**jy** [jaj]
er	**hy** [haj]
sie	**sy** [saj]
sie (Pl, Mask.)	**hulle** [hullə]
sie (Pl, Fem.)	**hulle** [hullə]
wir	**ons** [ɔŋs]
ihr	**julle** [jullə]
Sie	**u** [u]

EINGANG	**INGANG** [inχaŋ]
AUSGANG	**UITGANG** [œitχaŋ]
AUßER BETRIEB	**BUITE WERKING** [bœitə verkiŋ]
GESCHLOSSEN	**GESLUIT** [χeslœit]

OFFEN	**OOP** [oəp]
FÜR DAMEN	**DAMES** [dames]
FÜR HERREN	**MANS** [maŋs]

Fragen

Wo?	**Waar?** [vãr?]
Wohin?	**Waarheen?** [vãrheən?]
Woher?	**Van waar?** [fan vãr?]
Warum?	**Waar?** [vãr?]
Wozu?	**Waarom?** [vãrom?]
Wann?	**Wanneer?** [vanneər?]

Wie lange?	**Hoe lank?** [hu lank?]
Um wie viel Uhr?	**Hoe laat?** [hu lãt?]
Wie viel?	**Hoeveel?** [hufeəl?]
Haben Sie ...?	**Het u ...?** [het u ...?]
Wo befindet sich ...?	**Waar is ...?** [vãr is ...?]

Wie spät ist es?	**Hoe laat is dit?** [hu lãt is dit?]
Darf ich telefonieren?	**Kan ek 'n oproep maak?** [kan ɛk ə oprup mãk?]
Wer ist da?	**Wie is daar?** [vi is dãr?]
Darf ich hier rauchen?	**Mag ek hier rook?** [maχ ek hir roək?]
Darf ich ...?	**Mag ek ...?** [maχ ek ...?]

Bedürfnisse

Ich hätte gerne ...	**Ek sou graag ...** [ɛk sæʊ χrāχ ...]
Ich will nicht ...	**Ek wil nie ...** [ɛk vil ni ...]
Ich habe Durst.	**Ek is dors.** [ɛk is dors.]
Ich möchte schlafen.	**Ek wil slaap.** [ɛk vil slāp.]

Ich möchte ...	**Ek wil ...** [ɛk vil ...]
abwaschen	**was** [vas]
mir die Zähne putzen	**my tande borsel** [maj tandə borsəl]
eine Weile ausruhen	**bietjie rus** [biki rus]
meine Kleidung wechseln	**ander klere aantrek** [andər klerə āntrek]

zurück ins Hotel gehen	**teruggaan hotel toe** [teruχχān hotəl tu]
kaufen ...	**... koop** [... koəp]
gehen ...	**gaan na ...** [χān na ...]
besuchen ...	**besoek ...** [besuk ...]
treffen ...	**ontmoet ...** [ontmut ...]
einen Anruf tätigen	**bel** [bəl]

Ich bin müde.	**Ek is moeg.** [ɛk is muχ.]
Wir sind müde.	**Ons is moeg.** [oŋs is muχ.]
Mir ist kalt.	**Ek kry koud.** [ɛk kraj kæʊt.]
Mir ist heiß.	**Ek kry warm.** [ɛk kraj varm.]
Mir passt es.	**Ek is OK.** [ɛk is okej.]

Ich muss telefonieren.

Ek moet 'n oproep maak.
[ɛk mut ə oprup māk.]

Ich muss auf die Toilette.

Ek moet toilet toe gaan.
[ɛk mut toilet tu χān.]

Ich muss gehen.

Ek moet loop.
[ɛk mut loəp.]

Ich muss jetzt gehen.

Ek moet nou loop.
[ɛk mut næʊ loəp.]

Wie man nach dem Weg fragt

Entschuldigen Sie bitte, …	**Verskoon tog, …** [ferskoən toχ, …]
Wo befindet sich …?	**Waar is …?** [vãr is …?]
Welcher Weg ist …?	**In watter rigting is …?** [in vattər riχtiŋ is …?]
Könnten Sie mir bitte helfen?	**Kan u my help, asseblief?** [kan u maj hɛlp, asseblif?]

Ich suche …	**Ek soek …** [ɛk suk …]
Ich suche den Ausgang.	**Waar is die uitgang?** [vãr is di œitχaŋ?]
Ich fahre nach …	**Ek gaan na …** [ɛk χãn na …]
Gehe ich richtig nach …?	**Is dit die regte pad na …?** [is dit di reχtə pat na …?]

Ist es weit?	**Is dit ver?** [is dit fer?]
Kann ich dort zu Fuß hingehen?	**Kan ek te voet soontoe gaan?** [kan ɛk tə fut soentu χãn?]
Können Sie es mir auf der Karte zeigen?	**Kan u dit op die kaart aanwys?** [kan u dit op di kãrt ãnwajs?]
Zeigen Sie mir wo wir gerade sind.	**Kan u my aanwys waar ons nou is?** [kan u maj ãnwajs vãr ɔŋs næʊ is?]

Hier	**Hier** [hir]
Dort	**Daar** [dãr]
Hierher	**Hiernatoe** [hirnatu]

Biegen Sie rechts ab.	**Draai regs.** [drãj reχs.]
Biegen Sie links ab.	**Draai links.** [drãj links.]
erste (zweite, dritte) Abzweigung	**eerste (tweede, derde) draai** [eərstə (tweədə, derde) drãi]
nach rechts	**na regs** [na reχs]

nach links

na links
[na links]

Laufen Sie geradeaus.

Gaan reguit vorentoe.
[χān reχœit forentu.]

Schilder

HERZLICH WILLKOMMEN!
WELKOM!
[vɛlkom!]

EINGANG
INGANG
[inχaŋ]

AUSGANG
UITGANG
[œitχaŋ]

DRÜCKEN
STOOT
[stoət]

ZIEHEN
TREK
[trek]

OFFEN
OOP
[oəp]

GESCHLOSSEN
GESLUIT
[χeslœit]

FÜR DAMEN
DAMES
[dames]

FÜR HERREN
MANS (M)
[maŋs]

HERREN-WC
MANS (M)
[maŋs]

DAMEN-WC
DAMES (V)
[dames]

RABATT | REDUZIERT
AFSLAG
[afslaχ]

AUSVERKAUF
UITVERKOPING
[œitferkopiŋ]

GRATIS
GRATIS
[χratis]

NEU!
NUUT!
[nɪt!]

ACHTUNG!
PAS OP!
[pas op!]

KEINE ZIMMER FREI
KAMERS BESET
[kamers beset]

RESERVIERT
BESPREEK
[bespreək]

VERWALTUNG
ADMINISTRASIE
[administrasi]

NUR FÜR PERSONAL
SLEGS PERSONEEL
[sleχs personeəl]

BISSIGER HUND	**PAS OP VIR DIE HOND** [pas op fir di hont]
RAUCHEN VERBOTEN!	**ROOK VERBODE!** [roǝk ferbodǝ!]
NICHT ANFASSEN!	**NIE AANRAAK NIE!** [ni ānrāk ni!]
GEFÄHRLICH	**GEVAARLIK** [χefārlik]
GEFAHR	**GEVAAR** [χefār]
HOCHSPANNUNG	**HOOGSPANNING** [hoǝχ·spanniŋ]
BADEN VERBOTEN	**SWEM VERBODE!** [swem ferbodǝ!]

AUßER BETRIEB	**BUITE GEBRUIK** [bœitǝ χebrœik]
LEICHTENTZÜNDLICH	**BRANDBAAR** [brantbār]
VERBOTEN	**VERBODE** [ferbodǝ]
DURCHGANG VERBOTEN	**TOEGANG VERBODE!** [tuχaŋ ferbodǝ!]
FRISCH GESTRICHEN	**NAT VERF** [nat ferf]

WEGEN RENOVIERUNG GESCHLOSSEN	**GESLUIT VIR HERSTELWERK** [χeslœit fir herstǝl·werk]
ACHTUNG BAUARBEITEN	**PADWERKE** [padwerkǝ]
UMLEITUNG	**OMPAD** [ompat]

Transport - Allgemeine Phrasen

Flugzeug	**vliegtuig** [fliχtœiχ]
Zug	**trein** [træjn]
Bus	**bus** [bus]
Fähre	**veerboot** [feər·boət]
Taxi	**taxi** [taksi]
Auto	**motor** [motor]

Zeitplan	**diensrooster** [diŋs·roəstər]
Wo kann ich den Zeitplan sehen?	**Waar is die diensrooster?** [vār is di diŋs·roəster?]
Arbeitstage	**werksdae** [verksdaə]
Wochenenden	**naweke** [navekə]
Ferien	**vakansies** [fakaŋsis]

ABFLUG	**VERTREK** [fertrek]
ANKUNFT	**AANKOMS** [ānkoms]
VERSPÄTET	**VERTRAAG** [fertrāχ]
GESTRICHEN	**GEKANSELLEER** [χekaŋsɛlleər]

nächste (Zug, usw.)	**volgende** [folχendə]
erste	**eerste** [eərstə]
letzte	**laaste** [lāstə]

Wann kommt der Nächste ...?	**Wanneer vertrek die volgende ...?** [vanneər fertrek di folχendə ...?]
Wann kommt der Erste ...?	**Wanneer vertrek die eerste ...?** [vanneər fertrek di eərstə ...?]

Wann kommt der Letzte ...?

Wanneer vertrek die laaste ...?
[vanneǝr fertrek di lāstǝ ...?]

Transfer

aansluiting
[āŋslœitiŋ]

einen Transfer machen

oorstap
[oǝrstap]

Muss ich einen Transfer machen?

Moet ek oorstap?
[mut ek oǝrstap?]

Eine Fahrkarte kaufen

Wo kann ich Fahrkarten kaufen? **Waar kan ek kaartjies koop?**
[vār kan ɛk kārkis koəp?]

Fahrkarte **kaartjie**
[kārki]

Eine Fahrkarte kaufen **'n kaartjie koop**
[ə kārki koəp]

Fahrkartenpreis **kaartjie se prys**
[kārki sə prajs]

Wohin? **Waarheen?**
[vārheən?]

Welche Station? **Na watter stasie?**
[na vattər stasi?]

Ich brauche ... **Ek het ... nodig**
[ɛk het ... nodəχ]

eine Fahrkarte **'n kaartjie**
[ə kārki]

zwei Fahrkarten **twee kaartjies**
[tweə kārkis]

drei Fahrkarten **drie kaartjies**
[dri kārkis]

in eine Richtung **enkel**
[ɛnkəl]

hin und zurück **retoer**
[retur]

erste Klasse **eerste klas**
[eərstə klas]

zweite Klasse **tweede klas**
[tweədə klas]

heute **vandag**
[fandaχ]

morgen **môre**
[mɔrə]

übermorgen **oormôre**
[oərmɔrə]

am Vormittag **soggens**
[soχɛŋs]

am Nachmittag **smiddags**
[smiddaχs]

am Abend **saans**
[sāŋs]

Gangplatz	**sitplek langs die paadjie** [sitplek laŋs di pādʒi]
Fensterplatz	**venstersitplek** [fɛŋstər·sitplek]
Wie viel?	**Hoeveel?** [hufeəl?]
Kann ich mit Karte zahlen?	**Kan ek met 'n kredietkaart betaal?** [kan ɛk met ə kreditkārt betāl?]

Bus

Bus	**bus** [bus]
Fernbus	**interstedelike bus** [interstedelikə bus]
Bushaltestelle	**bushalte** [bus·haltə]
Wo ist die nächste Bushaltestelle?	**Waar is die naaste bushalte?** [vãr is di nãstə bus·haltə?]
Nummer	**nommer** [nommər]
Welchen Bus nehme ich um nach … zu kommen?	**Watter bus moet ek neem om na … te gaan?** [vattər bus mut ɛk neəm om na … tə χãn?]
Fährt dieser Bus nach …?	**Gaan hierdie bus na …?** [χãn hirdi bus na …?]
Wie oft fahren die Busse?	**Hoe gereëld ry die busse?** [hu χereɛlt raj di bussə?]
alle fünfzehn Minuten	**elke 15 minute** [ɛlkə fajftin minutə]
jede halbe Stunde	**elke half uur** [ɛlkə half ɪr]
jede Stunde	**elke uur** [ɛlkə ɪr]
mehrmals täglich	**verskillende kere per dag** [ferskillendə kerə pər daχ]
… Mal am Tag	**… kere per dag** [… kerə pər daχ]
Zeitplan	**diensrooster** [diŋs·roəstər]
Wo kann ich den Zeitplan sehen?	**Waar is die diensrooster?** [vãr is di diŋs·roəster?]
Wann kommt der nächste Bus?	**Wanneer vertrek die volgende bus?** [vanneər fertrek di folχendə bus?]
Wann kommt der erste Bus?	**Wanneer vertrek die eerste bus?** [vanneər fertrek di eərstə bus?]
Wann kommt der letzte Bus?	**Wanneer vertrek die laaste bus?** [vanneər fertrek di lãstə bus?]

Halt	**halte** [haltə]
Nächster Halt	**volgende halte** [folχendə haltə]
Letzter Halt	**eindpunt** [æjnd·punt]
Halten Sie hier bitte an.	**Stop hier, asseblief.** [stop hir, asseblif.]
Entschuldigen Sie mich, dies ist meine Haltestelle.	**Verskoon my, dis my halte.** [ferskoən maj, dis maj halte.]

Zug

Zug	**trein** [træjn]
S-Bahn	**voorstedelike trein** [foərstedelikə træjn]
Fernzug	**langafstand trein** [lanχ·afstant træjn]
Bahnhof	**stasie** [stasi]
Entschuldigen Sie bitte, wo ist der Ausgang zum Bahngleis?	**Verskoon my, waar is die uitgang na** **die perron?** [ferskoən maj, vār is di œitχaŋ na di perron?]

Fährt dieser Zug nach …?	**Gaan hierdie trein na …?** [χān hirdi træjn na …?]
nächste Zug	**volgende trein** [folχendə træjn]
Wann kommt der nächste Zug?	**Wanneer vertrek die volgende trein?** [vanneər fertrek di folχendə træjn?]
Wo kann ich den Zeitplan sehen?	**Waar is die diensrooster?** [vār is di diŋs·roəster?]
Von welchem Bahngleis?	**Van watter perron?** [fan vattər perron?]
Wann kommt der Zug in … an?	**Wanneer kom die trein aan in …?** [vanneər kom di træjn ān in …?]

Helfen Sie mir bitte.	**Help my, asseblief.** [hɛlp maj, asseblif.]
Ich suche meinen Platz.	**Ek soek my sitplek.** [ɛk suk maj sitplek.]
Wir suchen unsere Plätze.	**Ons soek ons sitplek.** [ɔŋs suk ɔŋs sitplek.]
Unser Platz ist besetzt.	**My sitplek is beset.** [maj sitplek is beset.]
Unsere Plätze sind besetzt.	**Ons sitplekke is beset.** [ɔŋs sitplekkə is beset.]

Entschuldigen Sie, aber das ist mein Platz.	**Jammer, dis my sitplek.** [jammər, dis maj sitplek.]
Ist der Platz frei?	**Is hierdie sitplek beset?** [is hirdi sitplek beset?]
Darf ich mich hier setzen?	**Kan ek hier sit?** [kan ek hir sit?]

Im Zug - Dialog (Keine Fahrkarte)

Fahrkarte bitte.

Kaartjie, asseblief.
[kãrki, asseblif.]

Ich habe keine Fahrkarte.

Ek het nie 'n kaartjie nie.
[ɛk het ni ə kãrki ni.]

Ich habe meine Fahrkarte verloren.

Ek het my kaartjie verloor.
[ɛk het maj kãrki ferloər.]

Ich habe meine Fahrkarte
zuhause vergessen.

Ek het my kaartjie by die huis vergeet.
[ɛk het maj kãrki baj di hœis ferχeət.]

Sie können von mir
eine Fahrkarte kaufen.

U kan 'n kaartjie van my koop.
[u kan ə kãrki fan maj koəp.]

Sie werden auch eine Strafe zahlen.

U moet 'n boete betaal.
[u mut ə butə betãl.]

Gut.

Oukei.
[æʊkæj.]

Wohin fahren Sie?

Waarheen gaan u?
[vãrheən χãn u?]

Ich fahre nach ...

Ek gaan na ...
[ɛk χãn na ...]

Wie viel? Ich verstehe nicht.

Hoeveel kos dit? Ek verstaan dit nie.
[hufeəl kos dit? ek ferstãn dit ni.]

Schreiben Sie es bitte auf.

Skryf dit neer, asseblief.
[skrajf dit neər, asseblif.]

Gut. Kann ich mit Karte zahlen?

OK. Kan ek met 'n kredietkaart betaal?
[okej. kan ɛk met ə kreditkãrt betãl?]

Ja, das können Sie.

Ja, dit kan.
[ja, dit kan.]

Hier ist ihre Quittung.

Hier is u ontvangsbewys.
[hir is u ontfaŋs·bevajs.]

Tut mir leid wegen der Strafe.

Jammer vir die boete.
[jammər fir di bute.]

Das ist in Ordnung. Es ist meine Schuld.

Dis oukei. Dit was my skuld.
[dis æʊkæj. dit vas maj skult.]

Genießen Sie Ihre Fahrt.

Geniet u reis.
[χenit u ræjs.]

Taxi

Taxi	**taxi** [taksi]
Taxifahrer	**taxibestuurder** [taksi·bestɪrdər]
Ein Taxi nehmen	**'n taxi neem** [ə taksi neəm]
Taxistand	**taxistaanplek** [taksi·stänplek]
Wo kann ich ein Taxi bekommen?	**Waar kan ek 'n taxi neem?** [vär kan ɛk ə taksi neəm?]
Ein Taxi rufen	**'n taxi bel** [ə taksi bəl]
Ich brauche ein Taxi.	**Ek het 'n taxi nodig.** [ɛk het ə taksi nodəχ.]
Jetzt sofort.	**Nou onmiddellik.** [næʊ onmiddɛllik.]
Wie ist Ihre Adresse? (Standort)	**Wat is u adres?** [vat is u adres?]
Meine Adresse ist …	**My adres is …** [maj adres is …]
Ihr Ziel?	**U bestemming?** [u bestɛmmiŋ?]

Entschuldigen Sie bitte, …	**Verskoon tog, …** [ferskoən toχ, …]
Sind Sie frei?	**Is u vry?** [is u fraj?]
Was kostet die Fahrt nach …?	**Hoeveel kos dit na …?** [hufeəl kos dit na …?]
Wissen Sie wo es ist?	**Weet u waar dit is?** [veət u vär dit is?]

Flughafen, bitte.	**Lughawe, asseblief** [luχhavə, asseblif]
Halten Sie hier bitte an.	**Stop hier, asseblief.** [stop hir, asseblif.]
Das ist nicht hier.	**Dis nie hier nie.** [dis ni hir ni.]
Das ist die falsche Adresse.	**Dis die verkeerde adres.** [dis di ferkeərdə adres.]
nach links	**Draai links.** [drãj links.]
nach rechts	**Draai regs.** [drãj reχs.]

Was schulde ich Ihnen?

Wat skuld ek u?
[vat skult ek u?]

Ich würde gerne
ein Quittung haben, bitte.

**Kan ek 'n ontvangsbewys kry,
asseblief?**
[kan ek ə ontfaŋs·bevajs kraj,
asseblif?]

Stimmt so.

Hou die kleingeld.
[hæʊ di klæjŋ·χɛlt.]

Warten Sie auf mich bitte

Sal u vir my wag, asseblief?
[sal u fir maj vaχ, asseblif?]

fünf Minuten

vyf minute
[fajf minutə]

zehn Minuten

tien minute
[tin minutə]

fünfzehn Minuten

vyftien minute
[fajftin minutə]

zwanzig Minuten

twintig minute
[twintəχ minutə]

eine halbe Stunde

'n halfuur
[ə halfɪr]

Hotel

Guten Tag.	**Hallo.** [hallo.]
Mein Name ist …	**My naam is …** [maj nãm is …]
Ich habe eine Reservierung.	**Ek het bespreek.** [ɛk het bespreək.]

Ich brauche …	**Ek het … nodig** [ɛk het … nodəχ]
ein Einzelzimmer	**'n enkelkamer** [ə ɛnkəl·kamər]
ein Doppelzimmer	**'n dubbelkamer** [ə dubbəl·kamər]
Wie viel kostet das?	**Hoeveel kos dit?** [hufeəl kos dit?]
Das ist ein bisschen teuer.	**Dis nogal duur.** [dis noχal dɪr.]

Haben Sie sonst noch etwas?	**Is daar nie ander moontlikhede nie?** [is dãr ni andər moentlikhedə ni?]
Ich nehme es.	**Ek vat dit.** [ɛk fat dit.]
Ich zahle bar.	**Ek betaal kontant.** [ɛk betãl kontant.]

Ich habe ein Problem.	**Ek het 'n probleem.** [ɛk het ə probleəm.]
Mein … ist kaputt.	**My … is stukkend.** [maj … is stukkent.]
Mein … ist außer Betrieb.	**My … is buite werking.** [maj … is bœitə verkiŋ.]
Fernseher	**TV** [te·fe]
Klimaanlage	**lugreëling** [luχreɛliŋ]
Wasserhahn	**kraan** [krãn]

Dusche	**stortbad** [stortbat]
Waschbecken	**wasbak** [vasbak]
Safe	**brandkas** [brant·kas]

Türschloss	**deur se slot** [døər sə slot]
Steckdose	**stopkontak** [stop·kontak]
Föhn	**haardroër** [hãr·droɛr]

Ich habe kein …	**Ek het nie …** [ɛk het ni …]
Wasser	**water** [vatər]
Licht	**lig** [liχ]
Strom	**krag** [kraχ]

Können Sie mir … geben?	**Kan u vir my … gee?** [kan u fir maj … χeə?]
ein Handtuch	**'n handdoek** [ə handduk]
eine Decke	**'n kombers** [ə kombərs]
Hausschuhe	**pantoffels** [pantoffəls]
einen Bademantel	**'n kamerjas** [ə kamerjas]
etwas Shampoo	**sjampoe** [ʃampu]
etwas Seife	**seep** [seəp]

Ich möchte ein anderes Zimmer haben.	**Ek wil van kamer verander.** [ɛk vil van kamər verandər.]
Ich kann meinen Schlüssel nicht finden.	**Ek kan my sleutel nie vind nie.** [ɛk kan maj sløətəl ni fint ni.]
Machen Sie bitte meine Tür auf	**Kan u my kamer oopsluit, asseblief?** [kan u maj kamər oəpslœit, asseblif?]
Wer ist da?	**Wie is daar?** [vi is dãr?]
Kommen Sie rein!	**Kom binne!** [kom binnə!]
Einen Moment bitte!	**'n Oomblik!** [ə oəmblik!]
Nicht jetzt bitte.	**Nie nou nie, asseblief.** [ni næʊ ni, asseblif.]

Kommen Sie bitte in mein Zimmer.	**Kom na my kamer, asseblief.** [kom na maj kamər, asseblif.]
Ich würde gerne Essen bestellen.	**Kan ek kamerbediening kry.** [kan ɛk kamər·bediniŋ kraj.]
Meine Zimmernummer ist …	**My kamer se nommer is …** [maj kamər sə nommər is …]

Ich reise … ab.	**Ek vertrek …** [ɛk fertrək …]
Wir reisen … ab.	**Ons vertrek …** [ɔŋs fertrek …]
jetzt	**nou dadellik** [næʊ dadɛllik]
diesen Nachmittag	**vanmiddag** [fanmiddaχ]
heute Abend	**vanaand** [fanãnt]
morgen	**môre** [mɔrə]
morgen früh	**môreoggend** [mɔrə·oχent]
morgen Abend	**môremiddag** [mɔrə·middaχ]
übermorgen	**oormôre** [oərmɔrə]

Ich möchte die Zimmerrechnung begleichen.	**Ek wil betaal.** [ɛk vil betãl.]
Alles war wunderbar.	**Alles was uitstekend.** [alles vas œitstekent.]
Wo kann ich ein Taxi bekommen?	**Waar kan ek 'n taxi kry?** [vãr kan ɛk ə taksi kraj?]
Würden Sie bitte ein Taxi für mich holen?	**Sal u 'n taxi vir my bestel, asseblief.** [sal u ə taksi fir maj bestel, asseblif.]

Restaurant

Könnte ich die Speisekarte sehen bitte?	**Kan ek die spyskaart sien, asseblief?** [kan ɛk di spajskãrt sin, asseblif?]
Tisch für einen.	**'n Tafel vir een persoon.** [ə tafəl fir eən persoən.]
Wir sind zu zweit (dritt, viert).	**Daar is twee (drie, vier) van ons.** [dãr is tweə (dri, fir) fan ɔŋs.]

Raucher	**Rook.** [roək.]
Nichtraucher	**Rook verbode.** [roək ferbodə.]
Entschuldigen Sie mich! (Einen Kellner ansprechen)	**Hallo! Verskoning!** [hallo! ferskoniŋ!]
Speisekarte	**spyskaart** [spajskãrt]
Weinkarte	**wynkaart** [vajn·kãrt]
Die Speisekarte bitte.	**Die spyskaart, asseblief.** [di spajskãrt, asseblif.]

Sind Sie bereit zum bestellen?	**Is u gereed om te bestel?** [is u χereət om tə bestel?]
Was würden Sie gerne haben?	**Wat verkies u?** [vat ferkis u?]
Ich möchte …	**Ek wil … hê** [ɛk vil … hɛ:]

Ich bin Vegetarier.	**Ek is vegetariër** [ɛk is feχetariɛr]
Fleisch	**vleis** [flæjs]
Fisch	**vis** [fis]
Gemüse	**groente** [χruntə]
Haben Sie vegetarisches Essen?	**Het u vegetariese geregte?** [het u feχetarisə χereχtə?]
Ich esse kein Schweinefleisch.	**Ek eet nie varkvleis nie.** [ɛk eət ni fark·flæjs ni.]
Er /Sie/ isst kein Fleisch.	**Hy /sy/ eet nie vleis nie.** [haj /saj/ eət ni flæjs ni.]
Ich bin allergisch auf …	**Ek is allergies vir …** [ɛk is allerχis fir …]

Könnten Sie mir bitte ... Bringen.

Bring vir my ..., asseblief
[briŋ fir maj ..., asseblif]

Salz | Pfeffer | Zucker

sout | peper | suiker
[sæut | pepər | sœikər]

Kaffee | Tee | Nachtisch

koffie | tee | nagereg
[koffi | teə | naχerəχ]

Wasser | Sprudel | stilles

water | bruisend | plat
[vatər | brœisent | plat]

einen Löffel | eine Gabel | ein Messer

'n lepel | vurk | mes
[ə lepəl | furk | mes]

einen Teller | eine Serviette

'n bord | servet
[ə bort | serfet]

Guten Appetit!

Smaaklike ete!
[smãklikə ete!]

Noch einen bitte.

Nog een, asseblief.
[noχ een, asseblif.]

Es war sehr lecker.

Dit was heerlik.
[dit vas heərlik.]

Scheck | Wechselgeld | Trinkgeld

rekening | wisselgeld | fooitjie
[rekəniŋ | vissəlχɛlt | fojki]

Zahlen bitte.

Die rekening, asseblief.
[di rekəniŋ, asseblif.]

Kann ich mit Karte zahlen?

Kan ek met 'n kredietkaart betaal?
[kan ɛk met ə kreditkãrt betãl?]

Entschuldigen Sie, hier ist ein Fehler.

Jammer, hier is 'n fout.
[jammər, hir is ə fæut.]

Einkaufen

Kann ich Ihnen behilflich sein?	**Kan ek help?** [kan ek hɛlp?]
Haben Sie ...?	**Het u ...?** [het u ...?]
Ich suche ...	**Ek soek ...** [ɛk suk ...]
Ich brauche ...	**Ek het ... nodig** [ɛk het ... nodəχ]

Ich möchte nur schauen.	**Ek kyk net.** [ɛk kajk net.]
Wir möchten nur schauen.	**Ons kyk net.** [ɔŋs kajk net.]
Ich komme später noch einmal zurück.	**Ek kom netnou terug.** [ɛk kom netnæʊ teruχ.]
Wir kommen später vorbei.	**Ons kom netnou terug.** [ɔŋs kom netnæʊ teruχ.]
Rabatt | Ausverkauf	**afslag | uitverkoping** [afslaχ | œitferkopiŋ]

Zeigen Sie mir bitte ...	**Kan u my ... wys, asseblief?** [kan u maj ... vajs, asseblif?]
Geben Sie mir bitte ...	**Kan u my ... gee, asseblief?** [kan u maj ... χeə, asseblif?]
Kann ich es anprobieren?	**Kan ek dit aanpas?** [kan ɛk dit ānpas?]
Entschuldigen Sie bitte, wo ist die Anprobe?	**Verskoon tog, waar is die paskamer?** [ferskoən toχ, vār is di paskamer?]
Welche Farbe mögen Sie?	**Watter kleur wil u hê?** [vattər klØər vil u hɛ:?]
Größe | Länge	**maat | lengte** [māt | leŋtə]
Wie sitzt es?	**Pas dit?** [pas dit?]

Was kostet das?	**Hoeveel kos dit?** [hufeəl kos dit?]
Das ist zu teuer.	**Dis te duur** [dis tə dɪr]
Ich nehme es.	**Ek sal dit vat.** [ɛk sal dit fat.]
Entschuldigen Sie bitte, wo ist die Kasse?	**Verskoon tog, waar moet ek betaal?** [ferskoən toχ, vār mut ek betāl?]

Zahlen Sie Bar oder mit Karte?	**Betaal u kontant of met 'n kredietkaart?** [betal u kontant of met ə kreditkārt?]
in Bar | mit Karte	**kontant | met 'n kredietkaart** [kontant | met ə kreditkārt]

Brauchen Sie die Quittung?	**Wil u 'n ontvangsbewys?** [vil u ə ontfaŋsbevajs?]
Ja, bitte.	**Ja, asseblief.** [ja, asseblif.]
Nein, es ist ok.	**Nee, dis nie nodig nie.** [neə, dis ni nodəχ ni.]
Danke. Einen schönen Tag noch!	**Dankie. Geniet die res van die dag!** [danki. χenit di res fan di daχ!]

In der Stadt

Entschuldigen Sie bitte, ...	**Verskoon tog, asseblief.** [ferskoən toχ, asseblif.]
Ich suche ...	**Ek soek ...** [ɛk suk ...]
die U-Bahn	**die moltrein** [di moltræjn]
mein Hotel	**my hotel** [maj hotəl]
das Kino	**die bioskoop** [di bioskoəp]
den Taxistand	**'n taxistaanplek** [ə taksi·stănplek]

einen Geldautomat	**'n OTM** [ə o·te·em]
eine Wechselstube	**'n wisselkantoor** [ə vissəl·kantoər]
ein Internetcafé	**'n internetkafee** [ə internet·kafeə]
die ... -Straße	**... straat** [... străt]
diesen Ort	**hierdie plek** [hirdi plek]

Wissen Sie, wo ... ist?	**Weet u waar ... is?** [veət u văr ... is?]
Wie heißt diese Straße?	**Watter straat is dit?** [vattər străt is dit?]
Zeigen Sie mir wo wir gerade sind.	**Kan u my aanwys waar ons nou is?** [kan u maj ănwajs văr ɔns næu is?]
Kann ich dort zu Fuß hingehen?	**Kan ek soontoe stap?** [kan ek soentu stap?]
Haben Sie einen Stadtplan?	**Het u 'n kaart van die stad?** [het u ə kărt fan di stat?]

Was kostet eine Eintrittskarte?	**Hoeveel kos 'n toegangskaartjie?** [hufeəl kos ə tuχaŋs·kărki?]
Darf man hier fotografieren?	**Kan ek hier foto's maak?** [kan ɛk hir fotos măk?]
Haben Sie offen?	**Is u oop?** [is u oəp?]

Wann öffnen Sie?

Hoe laat gaan u oop?
[hu lāt χãn u oəp?]

Wann schließen Sie?

Hoe laat sluit u?
[hu lāt slœit u?]

Geld

Geld	**geld** [χɛlt]
Bargeld	**kontant** [kontant]
Papiergeld	**bankbiljette** [bank·biljɛttə]
Kleingeld	**kleingeld** [klæjn·χɛlt]
Scheck | Wechselgeld | Trinkgeld	**rekening | wisselgeld | fooitjie** [rekəniŋ | vissəlχɛlt | fojki]
Kreditkarte	**kredietkaart** [kreditkãrt]
Geldbeutel	**beursie** [bøərsi]
kaufen	**koop** [koəp]
zahlen	**betaal** [betãl]
Strafe	**boete** [butə]
kostenlos	**gratis** [χratis]
Wo kann ich … kaufen?	**Waar kan ek … koop?** [vãr kan ɛk … koəp?]
Ist die Bank jetzt offen?	**Is die bank nou oop?** [is di bank næʊ oəp?]
Wann öffnet sie?	**Wanneer maak dit oop?** [vanneər mãk dit oəp?]
Wann schließt sie?	**Wanneer maak dit toe?** [vanneər mãk dit tu?]
Wie viel?	**Hoeveel?** [hufeəl?]
Was kostet das?	**Hoeveel kos dit?** [hufeəl kos dit?]
Das ist zu teuer.	**Dis te duur.** [dis tə dɪr.]
Entschuldigen Sie bitte, wo ist die Kasse?	**Verskoon tog, waar moet ek betaal?** [ferskoən toχ, vãr mut ek betãl?]
Ich möchte zahlen.	**Die rekening, asseblief.** [di rekəniŋ, asseblif.]

Kann ich mit Karte zahlen?

Kan ek met 'n kredietkaart betaal?
[kan ɛk met ə kreditkãrt betãl?]

Gibt es hier einen Geldautomat?

Verskoon tog, is hier 'n OTM?
[ferskoən toχ, is hir ə o·te·em?]

Ich brauche einen Geldautomat.

Ek soek 'n OTM.
[ɛk suk ə o·te·em.]

Ich suche eine Wechselstube.

Ek soek 'n wisselkantoor.
[ɛk suk ə vissəl·kantoər.]

Ich möchte ... wechseln.

Ek sou ... wou wissel.
[ɛk sæʋ ... væʋ vissəl.]

Was ist der Wechselkurs?

Wat is die wisselkoers?
[vat is di vissəlkurs?]

Brauchen Sie meinen Reisepass?

Het u my paspoort nodig?
[het u maj paspoərt nodəχ?]

Zeit

Wie spät ist es?

Hoe laat is dit?
[hu lāt is dit?]

Wann?

Wanneer?
[vanneər?]

Um wie viel Uhr?

Hoe laat?
[hu lāt?]

jetzt | später | nach ...

nou | later | na ...
[næʊ | latər | na ...]

ein Uhr

een uur
[eən ɪr]

Viertel zwei

kwart oor een
[kwart oər eən]

Ein Uhr dreißig

half twee
[half tweə]

Viertel vor zwei

kwart voor twee
[kwart foər tweə]

eins | zwei | drei

een | twee | drie
[eən | tweə | dri]

vier | fünf | sechs

vier | vyf | ses
[fir | fajf | ses]

sieben | acht | neun

sewe | ag | nege
[sewə | aχ | neχə]

zehn | elf | zwölf

tien | elf | twaalf
[tin | ɛlf | twālf]

in ...

binne ...
[binnə ...]

fünf Minuten

vyf minute
[fajf minutə]

zehn Minuten

tien minute
[tin minutə]

fünfzehn Minuten

vyftien minute
[fajftin minutə]

zwanzig Minuten

twintig minute
[twintəχ minutə]

einer halben Stunde

'n halfuur
[ə halfɪr]

einer Stunde

'n uur
[ə ɪr]

am Vormittag	**soggens** [soχɛŋs]
früh am Morgen	**soggens vroeg** [soχɛŋs fruχ]
diesen Morgen	**vanoggend** [fanoχent]
morgen früh	**môreoggend** [mɔrə·oχent]
am Mittag	**in die middel van die dag** [in di middəl fan di daχ]
am Nachmittag	**smiddags** [smiddaχs]
am Abend	**saans** [sãŋs]
heute Abend	**vanaand** [fanãnt]
in der Nacht	**saans** [sãŋs]
gestern	**gister** [χistər]
heute	**vandag** [fandaχ]
morgen	**môre** [mɔrə]
übermorgen	**oormôre** [oərmɔrə]
Welcher Tag ist heute?	**Watter dag is dit vandag?** [vattər daχ is dit fandaχ?]
Es ist …	**Dit is …** [dit is …]
Montag	**maandag** [mãndaχ]
Dienstag	**dinsdag** [dinsdaχ]
Mittwoch	**woensdag** [voɛŋsdaχ]
Donnerstag	**Donderdag** [dondərdaχ]
Freitag	**vrydag** [frajdaχ]
Samstag	**saterdag** [satərdaχ]
Sonntag	**sondag** [sondaχ]

Begrüßungen und Vorstellungen

Hallo.	**Hallo.** [hallo.]
Freut mich, Sie kennen zu lernen.	**Aangename kennis.** [ānχənamə kɛnnis.]
Ganz meinerseits.	**Dieselfde.** [disɛlfdə.]
Darf ich vorstellen? Das ist ...	**Kan ek jou voorstel aan ...** [kan ɛk jæʊ foərstəl ān ...]
Sehr angenehm.	**Aangename kennis.** [ānχənamə kɛnnis.]

Wie geht es Ihnen?	**Hoe gaan dit?** [hu χān dit?]
Ich heiße ...	**My naam is ...** [maj nām is ...]
Er heißt ...	**Dis ...** [dis ...]
Sie heißt ...	**Dis ...** [dis ...]
Wie heißen Sie?	**Wat is u naam?** [vat is u nām?]
Wie heißt er?	**Wat is sy naam?** [vat is saj nām?]
Wie heißt sie?	**Wat is haar naam?** [vat is hār nām?]

Wie ist Ihr Nachname?	**Wat is u van?** [vat is u fan?]
Sie können mich ... nennen.	**Noem my maar ...** [num maj mār ...]
Woher kommen Sie?	**Vanwaar kom u?** [fanwār kom u?]
Ich komme aus ...	**Ek kom van ...** [ɛk kom fan ...]
Was machen Sie beruflich?	**Wat is u beroep?** [vat is u berup?]
Wer ist das?	**Wie is dit?** [vi is dit?]
Wer ist er?	**Wie is hy?** [vi is haj?]
Wer ist sie?	**Wie is sy?** [vi is saj?]
Wer sind sie?	**Wie is hulle?** [vi is hullə?]

Das ist ...

Dit is ...
[dit is ...]

mein Freund

my vriend
[maj frint]

meine Freundin

my vriendin
[maj frindin]

mein Mann

my man
[maj man]

meine Frau

my vrou
[maj fræʊ]

mein Vater

my vader
[maj fadər]

meine Mutter

my moeder
[maj mudər]

mein Bruder

my broer
[maj brur]

mein Sohn

my seun
[maj søən]

meine Tochter

my dogter
[maj doχtər]

Das ist unser Sohn.

Dit is ons seun.
[dit is ɔŋs søən.]

Das ist unsere Tochter.

Dit is ons dogter.
[dit is ɔŋs doχter.]

Das sind meine Kinder.

Dit is my kinders.
[dit is maj kindərs.]

Das sind unsere Kinder.

Dit is ons kinders.
[dit is ɔŋs kindərs.]

Verabschiedungen

Auf Wiedersehen! **Totsiens!**
[totsiŋs!]

Tschüss! **Koebaai!**
[kubãi!]

Bis morgen. **Sien jou môre.**
[sin jæʊ mɔrə.]

Bis bald. **Totsiens.**
[totsiŋs.]

Bis um sieben. **Sien jou om sewe uur.**
[sin jæʊ om sevə ɪr.]

Viel Spaß! **Geniet dit!**
[χenit dit!]

Wir sprechen später. **Gesels later.**
[χesɛls latər.]

Ich wünsche Ihnen **Geniet die naweek.**
ein schönes Wochenende. [χenit di naveek.]

Gute Nacht. **Lekker slaap.**
[lɛkkər slãp.]

Es ist Zeit, dass ich gehe. **Dis tyd om te gaan.**
[dis tajt om tə χãn.]

Ich muss gehen. **Ek moet loop.**
[ɛk mut loəp.]

Ich bin gleich wieder da. **Ek is nounou terug.**
[ɛk is næʊnæʊ teruχ.]

Es ist schon spät. **Dis al laat.**
[dis al lãt.]

Ich muss früh aufstehen. **Ek moet vroeg opstaan.**
[ɛk mut fruχ opstãn.]

Ich reise morgen ab. **Ek vertrek môre.**
[ɛk fertrək mɔrə.]

Wir reisen morgen ab. **Ons vertrek môre.**
[oŋs fertrek mɔrə.]

Ich wünsche Ihnen eine gute Reise! **Geniet die reis!**
[χenit di ræjs!]

Hat mich gefreut, Sie kennen zu lernen. **Ek het dit geniet om jou te ontmoet.**
[ɛk het dit χenit om jæʊ tə ontmut.]

Hat mich gefreut mit Ihnen zu sprechen. **Dit was lekker om met jou te gesels.**
[dit vas lɛkkər om met jæʊ tə χesɛls.]

Danke für alles. **Baie dankie vir alles.**
[baje danki fir alles.]

Ich hatte eine sehr gute Zeit.

Ek het dit geniet.
[ɛk het dit χenit.]

Wir hatten eine sehr gute Zeit.

Ons het dit baie geniet.
[ɔŋs het dit baje χenit.]

Es war wirklich toll.

Dit was regtig oulik.
[dit vas reχteχ æulik.]

Ich werde Sie vermissen.

Ek gaan jou mis.
[ɛk χān jæʊ mis.]

Wir werden Sie vermissen.

Ons gaan jou mis.
[ɔŋs χān jæʊ mis.]

Viel Glück!

Sukses!
[suksɛs!]

Grüßen Sie ...

Stuur groete vir ...
[stɪr χrutə fir ...]

Fremdsprache

Ich verstehe nicht.	**Ek verstaan dit nie.** [ɛk ferstãn dit ni.]
Schreiben Sie es bitte auf.	**Skryf dit neer, asseblief.** [skrajf dit neɘr, asseblif.]
Sprechen Sie ...?	**Praat u ...?** [prãt u ...?]

Ich spreche ein bisschen ...	**Ek praat 'n bietjie ...** [ɛk prãt ɘ biki ...]
Englisch	**Engels** [ɛŋɘls]
Türkisch	**Turks** [turks]
Arabisch	**Arabies** [arabis]
Französisch	**Frans** [fraŋs]

Deutsch	**Duits** [dœits]
Italienisch	**Italiaans** [italiãŋs]
Spanisch	**Spaans** [spãŋs]
Portugiesisch	**Portugees** [portuχeɘs]
Chinesisch	**Sjinees** [ʃineɘs]
Japanisch	**Japannees** [japanneɘs]

Können Sie das bitte wiederholen.	**Kan u dit herhaal asseblief** [kan u dit herhãl asseblif]
Ich verstehe.	**Ek verstaan dit.** [ɛk ferstãn dit.]
Ich verstehe nicht.	**Ek verstaan dit nie.** [ɛk ferstãn dit ni.]
Sprechen Sie etwas langsamer.	**Praat bietjie stadiger asseblief.** [prãt biki stadiχɘr asseblif.]

| Ist das richtig? | **Is dit reg?**
[is dit reχ?] |
| Was ist das? (Was bedeutet das?) | **Wat is dit?**
[vat is dit?] |

Entschuldigungen

Entschuldigen Sie bitte.
Verskoon my, asseblief.
[ferskoən maj, asseblif.]

Es tut mir leid.
Jammer.
[jammər.]

Es tut mir sehr leid.
Ek is baie jammer.
[ɛk is baje jammər.]

Es tut mir leid, das ist meine Schuld.
Jammer, dis my skuld.
[jammər, dis maj skult.]

Das ist mein Fehler.
My skuld.
[maj skult.]

Darf ich ...?
Mag ek ...?
[maχ ek ...?]

Haben Sie etwas dagegen, wenn ich ...?
Sal u omgee as ek ...?
[sal u omχeə as ek ...?]

Es ist okay.
Dis OK.
[dis okej.]

Alles in Ordnung.
Maak nie saak nie.
[mãk ni sãk ni.]

Machen Sie sich keine Sorgen.
Moet jou nie daaroor bekommer nie.
[mut jæʊ ni dãroər bekommər ni.]

Einigung

Ja.	**Ja.** [ja.]
Ja, natürlich.	**Ja, beslis.** [ja, beslis.]
Ok! (Gut!)	**OK. Goed!** [okej. χut!]
Sehr gut.	**Uitstekend.** [œitstekent]
Natürlich!	**Definitief!** [definitif!]
Genau.	**Ek stem saam.** [ɛk stem sãm.]
Das stimmt.	**Dis reg.** [dis reχ.]
Das ist richtig.	**Dis reg.** [dis reχ.]
Sie haben Recht.	**U is reg.** [u is reχ.]
Ich habe nichts dagegen.	**Ek gee nie om nie.** [ɛk χeǝ ni om ni.]
Völlig richtig.	**Heeltemal reg.** [heǝltemal reχ.]
Das kann sein.	**Dis moontlik.** [dis moentlik.]
Das ist eine gute Idee.	**Dis 'n goeie idee.** [dis ǝ χuje ideǝ.]
Ich kann es nicht ablehnen.	**Ek kan nie nee sê nie.** [ɛk kan ni neǝ sɛ: ni.]
Ich würde mich freuen.	**Dis 'n plesier.** [dis ǝ plesir.]
Gerne.	**Plesier.** [plesir.]

Ablehnung. Äußerung von Zweifel

Nein.	**Nee** [neə]
Natürlich nicht.	**Beslis nie.** [beslis ni.]
Ich stimme nicht zu.	**Ek stem nie saam nie.** [ɛk stem ni sãm ni.]
Das glaube ich nicht.	**Ek glo dit nie.** [ɛk χlo dit ni.]
Das ist falsch.	**Dis nie waar nie.** [dis ni vãr ni.]
Sie liegen falsch.	**U maak 'n fout.** [u mãk ə fæʊt.]
Ich glaube, Sie haben Unrecht.	**Ek dink u is verkeerd.** [ɛk dink u is ferkeərt.]
Ich bin nicht sicher.	**Ek is nie seker nie.** [ɛk is ni sekər ni.]
Das ist unmöglich.	**Dis onmoontlik.** [dis onmoentlik.]
Nichts dergleichen!	**Glad nie!** [χlat ni!]
Im Gegenteil!	**Net die teenoorgestelde!** [net di teenoərχestɛlde!]
Ich bin dagegen.	**Ek is daarteen.** [ɛk is dãrteən.]
Es ist mir egal.	**Ek gee nie om nie.** [ɛk χeə ni om ni.]
Keine Ahnung.	**Ek het nie 'n idee nie.** [ɛk het ni ə ideə ni.]
Ich bezweifle, dass es so ist.	**Ek betwyfel dit.** [ɛk betwajfəl dit.]
Es tut mir leid, ich kann nicht.	**Jammer, ek kan nie.** [jammər, ɛk kan ni.]
Es tut mir leid, ich möchte nicht.	**Jammer, ek wil nie.** [jammər, ɛk vil ni.]
Danke, das brauche ich nicht.	**Dankie, maar ek het dit nie nodig nie.** [danki, mãr ɛk het dit ni nodəχ ni.]
Es ist schon spät.	**Dit word laat.** [dit vort lãt.]

Ich muss früh aufstehen.

Ek moet vroeg opstaan.
[ɛk mut fruχ opstān.]

Mir geht es schlecht.

Ek voel nie lekker nie.
[ɛk ful ni lɛkkər ni.]

Dankbarkeit ausdrücken

Danke.	**Baie dankie.** [baje danki.]
Dankeschön.	**Baie dankie.** [baje danki.]
Ich bin Ihnen sehr verbunden.	**Ek waardeer dit.** [ɛk vārdeer dit.]
Ich bin Ihnen sehr dankbar.	**Ek is u baie dankbaar.** [ɛk is u baje dankbār.]
Wir sind Ihnen sehr dankbar.	**Ons is u baie dankbaar.** [ɔŋs is u baje dankbār.]

Danke, dass Sie Ihre Zeit geopfert haben.	**Baie dankie vir u tyd.** [baje danki fir u tajt.]
Danke für alles.	**Baie dankie vir alles.** [baje danki fir alles.]
Danke für ...	**Dankie vir ...** [danki fir ...]
Ihre Hilfe	**u hulp** [u hulp]
die schöne Zeit	**vir 'n lekker tydjie** [fir ə lɛkkər tajʤi]

das wunderbare Essen	**'n heerlike ete** [ə heərlikə etə]
den angenehmen Abend	**'n aangename aand** [ə āŋχenamə ānt]
den wunderschönen Tag	**'n oulike dag** [ə æʊlikə daχ]
die interessante Führung	**'n wonderlike reis** [ə vondərlikə ræjs]

Keine Ursache.	**Plesier.** [plesir.]
Nichts zu danken.	**Plesier.** [plesir.]
Immer gerne.	**Enige tyd.** [ɛniχə tajt.]
Es freut mich, geholfen zu haben.	**Plesier.** [plesir.]
Vergessen Sie es.	**Plesier.** [plesir.]
Machen Sie sich keine Sorgen.	**Moet jou nie bekommer nie.** [mut jæʊ ni bekommər ni.]

Glückwünsche. Beste Wünsche

Glückwunsch!

Geluk!
[χeluk!]

Alles gute zum Geburtstag!

Geluk met jou verjaardag!
[χeluk met jæʊ ferjårdaχ!]

Frohe Weihnachten!

Geseënde Kersfees!
[χeseɛndə kersfeɛs!]

Frohes neues Jahr!

Gelukkige Nuwejaar!
[χelukkiχə nuvejår!]

Frohe Ostern!

Geseënde Paasfees!
[χeseɛndə påsfeɛs!]

Frohes Hanukkah!

Gelukkige Chanoeka!
[χelukkiχə χanuka!]

Ich möchte einen Toast ausbringen.

Ek wil graag 'n heildronk instel.
[ɛk vil χråχ ə hæjldronk instəl.]

Auf Ihr Wohl!

Gesondheid!
[χesonthæjt!]

Trinken wir auf ...!

Laat ons drink op ...!
[låt ɔŋs drink op ...!]

Auf unseren Erfolg!

Op jou sukses!
[op jæʊ suksɛs!]

Auf Ihren Erfolg!

Op u sukses!
[op u suksɛs!]

Viel Glück!

Sukses!
[suksɛs!]

Einen schönen Tag noch!

Geniet die dag!
[χenit di daχ!]

Haben Sie einen guten Urlaub!

Geniet die vakansie!
[χenit di fakaŋsi!]

Haben Sie eine sichere Reise!

Veilig ry!
[fæjləχ raj!]

Ich hoffe es geht Ihnen bald besser!

Ek hoop u voel gou beter!
[ɛk hoəp u ful χæʊ betər!]

Sozialisieren

Warum sind Sie traurig?

Hoekom lyk u so droewig?
[hukom lajk u so druvɛχ?]

Lächeln Sie!

Lag 'n bietjie! Wees vrolik!
[laχ ə biki! vees frolik!]

Sind Sie heute Abend frei?

Is u vry vanaand?
[is u fraj fanãnt?]

Darf ich Ihnen was zum Trinken anbieten?

Kan ek 'n drankie vir jou kry?
[kan ek ə dranki fir jæʊ kraj?]

Möchten Sie tanzen?

Wil u dans?
[vil u daŋs?]

Gehen wir ins Kino.

Sal ons bioskoop toe gaan?
[sal ɔŋs bioskoəp tu χãn?]

Darf ich Sie ins ... einladen?

Mag ek jou uitnooi na ...?
[maχ ek jæʊ œitnoj na ...?]

Restaurant

'n restaurant
[ə restɔurant]

Kino

die bioskoop
[di bioskoəp]

Theater

die teater
[di teatər]

auf einen Spaziergang

gaan stap
[χãn stap]

Um wie viel Uhr?

Hoe laat?
[hu lãt?]

heute Abend

vanaand
[fanãnt]

um sechs Uhr

om ses uur
[om ses ɪr]

um sieben Uhr

om sewe uur
[om sevə ɪr]

um acht Uhr

om agt uur
[om aχt ɪr]

um neun Uhr

om nege uur
[om neχə ɪr]

Gefällt es Ihnen hier?

Geniet u dit hier?
[χenit u dit hir?]

Sind Sie hier mit jemandem?

Is u hier saam met iemand?
[is u hir sãm met imant?]

Ich bin mit meinem Freund /meiner Freundin/.

Ek is met my vriend.
[ɛk is met maj frint.]

Ich bin mit meinen Freunden.	**Ek is met my vriende.** [ɛk is met maj frində.]
Nein, ich bin alleine.	**Nee, ek is alleen.** [neə, ek is alleən.]

Hast du einen Freund?	**Het jy 'n kêrel?** [het jaj ə kærel?]
Ich habe einen Freund.	**Ek het 'n kêrel.** [ɛk het ə kærel.]
Hast du eine Freundin?	**Het jy 'n meisie?** [het jaj ə mæjsi?]
Ich habe eine Freundin.	**Ek het 'n meisie.** [ɛk het ə mæjsi.]

Kann ich dich nochmals sehen?	**Kan ek jou weer sien?** [kan ek jæʊ veər sin?]
Kann ich dich anrufen?	**Kan ek jou bel?** [kan ek jæʊ bel?]
Ruf mich an.	**Bel my.** [bel maj.]
Was ist deine Nummer?	**Wat is jou nommer?** [vat is jæʊ nommər?]
Ich vermisse dich.	**Ek mis jou.** [ɛk mis jæʊ.]

Sie haben einen schönen Namen.	**U het 'n mooi naam.** [u het ə moj nãm.]
Ich liebe dich.	**Ek hou van jou.** [ɛk hæʊ fan jæʊ.]
Willst du mich heiraten?	**Wil jy met my trou?** [vil jaj met maj træʊ?]
Sie machen Scherze!	**U maak grappies!** [u mãk χrappis!]
Ich habe nur gescherzt.	**Ek maak net 'n grappie.** [ɛk mãk net ə χrappi.]

Ist das Ihr Ernst?	**Bedoel u dit?** [bedul u dit?]
Das ist mein Ernst.	**Ek is ernstig.** [ɛk is ernstəχ.]
Echt?!	**Regtig waar?!** [reχtəχ vãr?!]
Das ist unglaublich!	**Dis ongelooflik.** [dis onχeloəflik.]
Ich glaube Ihnen nicht.	**Ek glo jou nie.** [ɛk χlo jæʊ ni.]
Ich kann nicht.	**Ek kan nie.** [ɛk kan ni.]
Ich weiß nicht.	**Ek weet dit nie.** [ɛk veət dit ni.]
Ich verstehe Sie nicht.	**Ek verstaan u nie.** [ɛk ferstãn u ni.]

Bitte gehen Sie weg.

Loop asseblief.
[loəp asseblif.]

Lassen Sie mich in Ruhe!

Los my uit!
[los maj œit!]

Ich kann ihn nicht ausstehen.

Ek kan hom nie verdra nie.
[ɛk kan hom ni ferdra ni.]

Sie sind widerlich!

U is walglik!
[u is valχlik!]

Ich rufe die Polizei an!

Ek gaan die polisie bel!
[ɛk χān di polisi bel!]

Gemeinsame Eindrücke. Emotionen

Das gefällt mir.	**Ek hou daarvan.** [ɛk hæʊ dãrfan.]
Sehr nett.	**Baie mooi.** [baje moj.]
Das ist toll!	**Dis oulik!** [dis æʊlik!]
Das ist nicht schlecht.	**Dis nie sleg nie.** [dis ni sleχ ni.]
Das gefällt mir nicht.	**Ek hou nie daarvan nie.** [ɛk hæʊ ni dãrfan ni.]
Das ist nicht gut.	**Dis nie goed nie.** [dis ni χut ni.]
Das ist schlecht.	**Dis sleg.** [dis sleχ.]
Das ist sehr schlecht.	**Dis baie sleg.** [dis baje sleχ.]
Das ist widerlich.	**Dis walglik.** [dis valχlik.]
Ich bin glücklich.	**Ek is bly.** [ɛk is blaj.]
Ich bin zufrieden.	**Ek is tevrede.** [ɛk is tefrede.]
Ich bin verliebt.	**Ek is verlief.** [ɛk is ferlif.]
Ich bin ruhig.	**Ek is rustig.** [ɛk is rustəχ.]
Ich bin gelangweilt.	**Ek verveel my.** [ɛk ferfeəl maj.]
Ich bin müde.	**Ek is moeg.** [ɛk is muχ.]
Ich bin traurig.	**Ek is droewig.** [ɛk is druvəχ.]
Ich habe Angst.	**Ek is bang.** [ɛk is baŋ.]
Ich bin wütend.	**Ek is kwaad.** [ɛk is kwãt.]
Ich mache mir Sorgen.	**Ek is bekommerd.** [ɛk is bekommert.]
Ich bin nervös.	**Ek is senuweeagtig.** [ɛk is senuveə aχtəχ.]

Ich bin eifersüchtig.

Ek is jaloers.
[ɛk is jalurs.]

Ich bin überrascht .

Dit verbaas my.
[dit ferbãs maj.]

Es ist mir peinlich.

Ek is verbouereerd.
[ɛk is ferbæʋreert.]

Probleme. Unfälle

Ich habe ein Problem.	**Ek het 'n probleem.** [ɛk het ə probleəm.]
Wir haben Probleme.	**Ons het 'n probleem.** [ɔŋs het ə probleəm.]
Ich bin verloren.	**Ek het verdwaal.** [ɛk het ferdwāl.]
Ich habe den letzten Bus (Zug) verpasst.	**Ek het die laaste bus (trein) gemis.** [ɛk het di lāstə bus (træjn) χemis.]
Ich habe kein Geld mehr.	**My geld is op.** [maj χɛlt is op.]

Ich habe mein … verloren.	**Ek het my … verloor** [ɛk het maj … ferloər]
Jemand hat mein … gestohlen.	**Lemand het my … gesteel.** [lemant het maj … χesteəl.]
Reisepass	**paspoort** [paspoərt]
Geldbeutel	**beursie** [bøərsi]
Papiere	**papiere** [papirə]
Fahrkarte	**kaartjie** [kārki]
Geld	**geld** [χɛlt]
Tasche	**handsak** [hand·sak]
Kamera	**kamera** [kamera]
Laptop	**skootrekenaar** [skoət·rekənār]
Tabletcomputer	**tablet** [tablet]
Handy	**selfoon** [sɛlfoən]

Hilfe!	**Help!** [hɛlp!]
Was ist passiert?	**Wat's fout?** [vats fæʊt?]
Feuer	**brand** [brant]
Schießerei	**daar word geskiet** [dār vort χeskit]

Mord	**moord** [moərt]
Explosion	**ontploffing** [ontploffiŋ]
Schlägerei	**geveg** [χefeχ]

Rufen Sie die Polizei!	**Bel die polisie!** [bel di polisi!]
Beeilen Sie sich!	**Maak gou asseblief!** [māk χæʊ asseblif!]
Ich suche nach einer Polizeistation.	**Ek soek die polisiekantoor.** [ɛk suk di polisi·kantoər.]
Ich muss einen Anruf tätigen.	**Ek moet bel.** [ɛk mut bel.]
Kann ich Ihr Telefon benutzen?	**Mag ek u telefoon gebruik?** [maχ ek u telefoən χebrœik?]

Ich wurde ...	**Ek is ...** [ɛk is ...]
ausgeraubt	**aangeval** [ānχəfal]
überfallen	**beroof** [beroəf]
vergewaltigt	**verkrag** [ferkraχ]
angegriffen	**aangeval** [ānχəfal]

Ist bei Ihnen alles in Ordnung?	**Gaan dit?** [χān dit?]
Haben Sie gesehen wer es war?	**Het u gesien wie dit was?** [het u χesin vi dit vas?]
Sind Sie in der Lage die Person wiederzuerkennen?	**Sou u die persoon kon herken?** [sæʊ u di persoən kon herken?]
Sind sie sicher?	**Is u seker?** [is u seker?]

Beruhigen Sie sich bitte!	**Kom tot bedaring asseblief.** [kom tot bedariŋ asseblif.]
Ruhig!	**Rustig!** [rustəχ!]
Machen Sie sich keine Sorgen	**Moenie bekommerd wees nie!** [muni bekommert veəs ni!]
Alles wird gut.	**Alles sal reg kom.** [alles sal reχ kom.]
Alles ist in Ordnung.	**Alles is reg.** [alles is reχ.]
Kommen Sie bitte her.	**Kom hier asseblief.** [kom hir asseblif.]
Ich habe einige Fragen für Sie.	**Ek het 'n paar vrae vir u.** [ɛk het ə pār fraə fir u.]

Warten Sie einen Moment bitte.

Haben Sie einen
Identifikationsnachweis?

Danke. Sie können nun gehen.

Hände hinter dem Kopf!

Sie sind verhaftet!

Wag 'n bietjie, asseblief.
[vaχ ə biki, asseblif.]

Het u 'n identiteitskaart?
[het u ə identitæjts·kärt?]

Dankie. U kan nou loop.
[danki. u kan næʊ loəp.]

Hande agter jou kop!
[handə aχtər jæʊ kop!]

U is onder arres!
[u is ondər arres!]

Gesundheitsprobleme

Helfen Sie mir bitte.	**Help my, asseblief.** [hɛlp maj, asseblif.]
Mir ist schlecht.	**Ek voel nie lekker nie.** [ɛk ful ni lɛkkər ni.]
Meinem Ehemann ist schlecht.	**My man voel nie lekker nie.** [maj man ful ni lɛkkər ni.]
Mein Sohn …	**My seun …** [maj søən …]
Mein Vater …	**My pa …** [maj pa …]
Meine Frau fühlt sich nicht gut.	**My vrou voel nie lekker nie.** [maj fræʊ ful ni lɛkkər ni.]
Meine Tochter …	**My dogter …** [maj doχtər …]
Meine Mutter …	**My ma …** [maj ma …]
Ich habe … schmerzen.	**Ek het …** [ɛk het …]
Kopf-	**koppyn** [koppajn]
Hals-	**keelpyn** [keəl·pajn]
Bauch-	**maagpyn** [mãχpajn]
Zahn-	**tandpyn** [tand·pajn]
Mir ist schwindelig.	**Ek voel duiselig.** [ɛk ful dœiseləχ.]
Er hat Fieber.	**Hy het koors.** [haj het koərs.]
Sie hat Fieber.	**Sy het koors.** [saj het koərs.]
Ich kann nicht atmen.	**Ek kan nie goed asemhaal nie.** [ɛk kan ni χut asemhãl ni.]
Ich kriege keine Luft.	**Ek is kortasem.** [ɛk is kortasem.]
Ich bin Asthmatiker.	**Ek is asmaties.** [ɛk is asmatis.]
Ich bin Diabetiker /Diabetikerin/	**Ek is diabeet.** [ɛk is diabeət.]

Ich habe Schlaflosigkeit.	**Ek kan nie slaap nie.** [εk kan ni slāp ni.]
Lebensmittelvergiftung	**voedselvergiftiging** [fudsəl·ferχiftəχiŋ]

Es tut hier weh.	**Dis seer hier.** [dis seər hir.]
Hilfe!	**Help!** [hεlp!]
Ich bin hier!	**Ek is hier!** [εk is hir!]
Wir sind hier!	**Ons is hier!** [oŋs is hir!]
Bringen Sie mich hier raus!	**Kom kry my!** [kom kraj maj!]
Ich brauche einen Arzt.	**Ek het 'n dokter nodig.** [εk het ə doktər nodəχ.]
Ich kann mich nicht bewegen.	**Ek kan nie beweeg nie.** [εk kan ni beveəχ ni.]
Ich kann meine Beine nicht bewegen.	**Ek kan my bene nie beweeg nie.** [εk kan maj benə ni beveəχ ni.]

Ich habe eine Wunde.	**Ek het 'n wond.** [εk het ə vont.]
Ist es ernst?	**Is dit ernstig?** [is dit ernstəχ?]
Meine Dokumente sind in meiner Hosentasche.	**My dokumente is in my sak.** [maj dokumentə is in maj sak.]
Beruhigen Sie sich!	**Bedaar!** [bedār!]
Kann ich Ihr Telefon benutzen?	**Mag ek u telefoon gebruik?** [maχ ek u telefoən χebrœik?]

Rufen Sie einen Krankenwagen!	**Bel 'n ambulans!** [bel ə ambulaŋs!]
Es ist dringend!	**Dis dringend!** [dis driŋənd!]
Es ist ein Notfall!	**Dis 'n noodgeval!** [dis ə noədχefal!]
Schneller bitte!	**Maak gou asseblief!** [māk χæʊ asseblif!]
Können Sie bitte einen Arzt rufen?	**Kan u asseblief 'n dokter bel?** [kan u asseblif ə doktər bel?]
Wo ist das Krankenhaus?	**Waar is die hospitaal?** [vār is di hospitāl?]

Wie fühlen Sie sich?	**Hoe voel u?** [hu ful u?]
Ist bei Ihnen alles in Ordnung?	**Hoe gaan dit?** [hu χān dit?]
Was ist passiert?	**Wat het gebeur?** [vat het χebøər?]

Mir geht es schon besser.

Ek voel nou beter.
[ɛk ful næʊ betər.]

Es ist in Ordnung.

Dis OK.
[dis okej.]

Alles ist in Ordnung.

Dit gaan goed.
[dit χān χut.]

In der Apotheke

Apotheke	**apteek** [apteək]
24 Stunden Apotheke	**24 uur apteek** [fir-en-twintəχ ɪr apteək]
Wo ist die nächste Apotheke?	**Waar is die naaste apteek?** [vār is di nāstə apteək?]

Ist sie jetzt offen?	**Is hy nou oop?** [is haj næʊ oəp?]
Um wie viel Uhr öffnet sie?	**Hoe laat gaan hy oop?** [hu lāt χān haj oəp?]
Um wie viel Uhr schließt sie?	**Hoe laat sluit hy?** [hu lāt slœit haj?]

Ist es weit?	**Is dit ver?** [is dit fer?]
Kann ich dort zu Fuß hingehen?	**Kan ek soontoe stap?** [kan ek soentu stap?]
Können Sie es mir auf der Karte zeigen?	**Kan u dit op die stadskaart aanwys?** [kan u dit op di statskārt ānwajs?]

Bitte geben sie mir etwas gegen …	**Gee my iets vir … asseblief** [χeə maj its fir … asseblif]
Kopfschmerzen	**koppyn** [koppajn]
Husten	**hoes** [hus]
eine Erkältung	**verkoudheid** [ferkæʊdhæjt]
die Grippe	**griep** [χrip]

Fieber	**koors** [koərs]
Magenschmerzen	**maagpyn** [māχpajn]
Übelkeit	**naarheid** [nārhæjt]
Durchfall	**diarree** [diarreə]
Verstopfung	**konstipasie** [kɔŋstipasi]
Rückenschmerzen	**rugpyn** [ruχpajn]

Brustschmerzen	**borspyn** [borspajn]
Seitenstechen	**steek in my sy** [steek in maj saj]
Bauchschmerzen	**pyn in my onderbuik** [pajn in maj onderbœik]

Pille	**pil** [pil]
Salbe, Creme	**salf, room** [salf, roəm]
Sirup	**stroop** [stroəp]
Spray	**sproeier** [sprujer]
Tropfen	**druppels** [druppɛls]

Sie müssen ins Krankenhaus gehen.	**U moet hospitaal toe gaan.** [u mut hospitãl tu χãn.]
Krankenversicherung	**siekteversekering** [sikte·fersekeriŋ]
Rezept	**voorskrif** [foərskrif]
Insektenschutzmittel	**insekmiddel** [insek·middel]
Pflaster	**kleefverband** [kleəffər·bant]

Das absolute Minimum

Entschuldigen Sie bitte, ...	**Verskoon my, ...** [ferskoən maj, ...]
Hallo.	**Hallo.** [hallo.]
Danke.	**Baie dankie.** [baje danki.]
Auf Wiedersehen.	**Totsiens.** [totsiŋs.]
Ja.	**Ja.** [ja.]
Nein.	**Nee.** [neə.]
Ich weiß nicht.	**Ek weet nie.** [ɛk veət ni.]
Wo? | Wohin? | Wann?	**Waar? | Waarheen? | Wanneer?** [vār? | vārheən? | vanneər?]
Ich brauche ...	**Ek het ... nodig** [ɛk het ... nodəχ]
Ich möchte ...	**Ek wil ...** [ɛk vil ...]
Haben Sie ...?	**Het u ...?** [het u ...?]
Gibt es hier ...?	**Is hier 'n ...?** [is hir ə ...?]
Kann ich ...?	**Mag ek ...?** [maχ ek ...?]
Bitte (anfragen)	**... asseblief** [... asseblif]
Ich suche ...	**Ek soek ...** [ɛk suk ...]
die Toilette	**toilet** [tojlet]
den Geldautomat	**OTM** [o·te·em]
die Apotheke	**apteek** [apteək]
das Krankenhaus	**hospitaal** [hospitāl]
die Polizeistation	**polisiekantoor** [polisi·kantoər]
die U-Bahn	**moltrein** [moltræjn]

das Taxi	**taxi** [taksi]
den Bahnhof	**stasie** [stasi]

Ich heiße ...	**My naam is ...** [maj nām is ...]
Wie heißen Sie?	**Wat is u naam?** [vat is u nām?]
Helfen Sie mir bitte.	**Kan u my help, asseblief?** [kan u maj hɛlp, asseblif?]
Ich habe ein Problem.	**Ek het 'n probleem.** [ɛk het ə probleəm.]
Mir ist schlecht.	**Ek voel nie lekker nie.** [ɛk ful ni lɛkkər ni.]
Rufen Sie einen Krankenwagen!	**Bel 'n ambulans!** [bel ə ambulaŋs!]
Darf ich telefonieren?	**Kan ek 'n oproep maak?** [kan ɛk ə oprup māk?]

Entschuldigung.	**Jammer.** [jammər.]
Keine Ursache.	**Plesier.** [plesir.]

ich	**Ek, my** [ek, maj]
du	**jy** [jaj]
er	**hy** [haj]
sie	**sy** [saj]
sie (Pl, Mask.)	**hulle** [hullə]
sie (Pl, Fem.)	**hulle** [hullə]
wir	**ons** [ɔŋs]
ihr	**julle** [jullə]
Sie	**u** [u]

EINGANG	**INGANG** [inχaŋ]
AUSGANG	**UITGANG** [œitχaŋ]
AUßER BETRIEB	**BUITE WERKING** [bœitə verkiŋ]
GESCHLOSSEN	**GESLUIT** [χeslœit]

OFFEN	**OOP** [oəp]
FÜR DAMEN	**DAMES** [dames]
FÜR HERREN	**MANS** [maŋs]

T&P BOOKS

KOMPAKTWÖRTERBUCH

Dieser Teil beinhaltet über
1.500 nützliche Wörter.
Das Wörterbuch beinhaltet
viele gastronomische Begriffe
und wird Ihnen hilfreich bei
der Bestellung von Essen in
einem Restaurant oder beim
Kauf von Lebensmitteln im
Lebensmittelgeschäft sein

T&P Books Publishing

INHALT WÖRTERBUCH

T&P Books Publishing

Zeit (f)	tyd	[tajt]
Stunde (f)	uur	[ɪr]
eine halbe Stunde	n halfuur	[n halfɪr]
Minute (f)	minuut	[minɪt]
Sekunde (f)	sekonde	[sekondə]

heute	vandag	[fandaχ]
morgen	môre	[mɔrə]
gestern	gister	[χistər]

Montag (m)	Maandag	[māndaχ]
Dienstag (m)	Dinsdag	[dinsdaχ]
Mittwoch (m)	Woensdag	[voɛŋsdaχ]
Donnerstag (m)	Donderdag	[dondərdaχ]
Freitag (m)	Vrydag	[frajdaχ]
Samstag (m)	Saterdag	[satərdaχ]
Sonntag (m)	Sondag	[sondaχ]

Tag (m)	dag	[daχ]
Arbeitstag (m)	werksdag	[verks·daχ]
Feiertag (m)	openbare vakansiedag	[openbarə fakaŋsi·daχ]
Wochenende (n)	naweek	[naveək]

Woche (f)	week	[veək]
letzte Woche	laas week	[lās veək]
nächste Woche	volgende week	[folχendə veək]

Sonnenaufgang (m)	sonop	[son·op]
Sonnenuntergang (m)	sononder	[son·ondər]

morgens	soggens	[soχɛŋs]
nachmittags	in die namiddag	[in di namiddaχ]
abends	saans	[sāŋs]
heute Abend	vanaand	[fanānt]
nachts	snags	[snaχs]
Mitternacht (f)	middernag	[middərnaχ]

Januar (m)	Januarie	[januari]
Februar (m)	Februarie	[februari]
März (m)	Maart	[mārt]
April (m)	April	[april]
Mai (m)	Mei	[mæj]
Juni (m)	Junie	[juni]
Juli (m)	Julie	[juli]
August (m)	Augustus	[ɔuχustus]

September (m)	September	[septembər]
Oktober (m)	Oktober	[oktobər]
November (m)	November	[nofembər]
Dezember (m)	Desember	[desembər]
im Frühling	in die lente	[in di lentə]
im Sommer	in die somer	[in di somər]
im Herbst	in die herfs	[in di herfs]
im Winter	in die winter	[in di vintər]
Monat (m)	maand	[mānt]
Saison (f)	seisoen	[sæjsun]
Jahr (n)	jaar	[jār]
Jahrhundert (n)	eeu	[iʊ]

2. Zahlen. Zahlwörter

Ziffer (f)	syfer	[sajfər]
Zahl (f)	nommer	[nommər]
Minus (n)	minusteken	[minus·tekən]
Plus (n)	plusteken	[plus·tekən]
Summe (f)	som, totaal	[som], [totāl]
der erste	eerste	[eərstə]
der zweite	tweede	[tweədə]
der dritte	derde	[derdə]
null	nul	[nul]
eins	een	[eən]
zwei	twee	[tweə]
drei	drie	[dri]
vier	vier	[fir]
fünf	vyf	[fajf]
sechs	ses	[ses]
sieben	sewe	[sevə]
acht	ag	[aχ]
neun	nege	[neχə]
zehn	tien	[tin]
elf	elf	[ɛlf]
zwölf	twaalf	[twālf]
dreizehn	dertien	[dertin]
vierzehn	veertien	[feərtin]
fünfzehn	vyftien	[fajftin]
sechzehn	sestien	[sestin]
siebzehn	sewetien	[sevətin]
achtzehn	agtien	[aχtin]
neunzehn	negetien	[neχetin]

zwanzig	twintig	[twintəχ]
dreißig	dertig	[dertəχ]
vierzig	veertig	[feertəχ]
fünfzig	vyftig	[fajftəχ]

sechzig	sestig	[sestəχ]
siebzig	sewentig	[seventəχ]
achtzig	tagtig	[taχtəχ]
neunzig	negentig	[neχentəχ]
einhundert	honderd	[hondərt]
zweihundert	tweehonderd	[twee·hondərt]
dreihundert	driehonderd	[dri·hondərt]
vierhundert	vierhonderd	[fir·hondərt]
fünfhundert	vyfhonderd	[fajf·hondərt]

sechshundert	seshonderd	[ses·hondərt]
siebenhundert	sewehonderd	[seve·hondərt]
achthundert	aghonderd	[aχ·hondərt]
neunhundert	negehonderd	[neχe·hondərt]
eintausend	duisend	[dœisent]

zehntausend	tienduisend	[tin·dœisent]
hunderttausend	honderdduisend	[hondert·dajsent]
Million (f)	miljoen	[miljun]
Milliarde (f)	miljard	[miljart]

3. Menschen. Familie

Mann (m)	man	[man]
Junge (m)	jongman	[joŋman]
Teenager (m)	tiener	[tinər]
Frau (f)	vrou	[fræʊ]
Mädchen (n)	meisie	[mæjsi]

Alter (n)	ouderdom	[æʊderdom]
Erwachsene (m)	volwasse	[folwassə]
in mittleren Jahren	middeljarig	[middəl·jarəχ]
älterer (Adj)	bejaard	[bejärt]
alt (Adj)	oud	[æʊt]

Greis (m)	ou man	[æʊ man]
alte Frau (f)	ou vrou	[æʊ fræʊ]
Ruhestand (m)	pensioen	[pɛnsiun]
in Rente gehen	met pensioen gaan	[met pɛnsiun χān]
Rentner (m)	pensioenaris	[pɛnsiunaris]

Mutter (f)	moeder	[mudər]
Vater (m)	vader	[fadər]
Sohn (m)	seun	[søən]
Tochter (f)	dogter	[doχtər]

Bruder (m)	broer	[brur]
älterer Bruder (m)	ouer broer	[æuer brur]
jüngerer Bruder (m)	jonger broer	[joŋer brur]
Schwester (f)	suster	[suster]
ältere Schwester (f)	ouer suster	[æuer suster]
jüngere Schwester (f)	jonger suster	[joŋer suster]
Eltern (pl)	ouers	[æuers]
Kind (n)	kind	[kint]
Kinder (pl)	kinders	[kinders]
Stiefmutter (f)	stiefma	[stifma]
Stiefvater (m)	stiefpa	[stifpa]
Großmutter (f)	ouma	[æuma]
Großvater (m)	oupa	[æupa]
Enkel (m)	kleinseun	[klæjn·søen]
Enkelin (f)	kleindogter	[klæjn·doxter]
Enkelkinder (pl)	kleinkinders	[klæjn·kinders]
Onkel (m)	oom	[oem]
Tante (f)	tante	[tante]
Neffe (m)	neef	[neef]
Nichte (f)	nig	[nix]
Frau (f)	vrou	[fræu]
Mann (m)	man	[man]
verheiratet (Ehemann)	getroud	[xetræut]
verheiratet (Ehefrau)	getroud	[xetræut]
Witwe (f)	weduwee	[veduvee]
Witwer (m)	wedunaar	[vedunãr]
Vorname (m)	voornaam	[foernãm]
Name (m)	van	[fan]
Verwandte (m)	familielid	[famililit]
Freund (m)	vriend	[frint]
Freundschaft (f)	vriendskap	[frindskap]
Partner (m)	maat	[mãt]
Vorgesetzte (m)	baas	[bãs]
Kollege (m), Kollegin (f)	kollega	[kollexa]
Nachbarn (pl)	bure	[bure]

4. Menschlicher Körper. Anatomie

Organismus (m)	organisme	[orxanisme]
Körper (m)	liggaam	[lixxãm]
Herz (n)	hart	[hart]
Blut (n)	bloed	[blut]
Gehirn (n)	brein	[bræjn]

Nerv (m)	senuwee	[senuveə]
Knochen (m)	been	[beən]
Skelett (n)	geraamte	[χerãmtə]
Wirbelsäule (f)	ruggraat	[ruχ·χrãt]
Rippe (f)	rib	[rip]
Schädel (m)	skedel	[skedəl]

Muskel (m)	spier	[spir]
Lungen (pl)	longe	[loŋə]
Haut (f)	vel	[fəl]

Kopf (m)	kop	[kop]
Gesicht (n)	gesig	[χesəχ]
Nase (f)	neus	[nøəs]
Stirn (f)	voorhoof	[foərhoəf]
Wange (f)	wang	[vaŋ]
Mund (m)	mond	[mont]
Zunge (f)	tong	[toŋ]
Zahn (m)	tand	[tant]
Lippen (pl)	lippe	[lippə]
Kinn (n)	ken	[ken]

Ohr (n)	oor	[oər]
Hals (m)	nek	[nek]
Kehle (f)	keel	[keəl]

Auge (n)	oog	[oəχ]
Pupille (f)	pupil	[pupil]
Augenbraue (f)	wenkbrou	[vɛnk·bræʊ]
Wimper (f)	ooghaar	[oəχ·hãr]

Haare (pl)	haar	[hãr]
Frisur (f)	kapsel	[kapsəl]
Schnurrbart (m)	snor	[snor]
Bart (m)	baard	[bãrt]
haben (einen Bart ~)	dra	[dra]
kahl	kaal	[kãl]

Hand (f)	hand	[hant]
Arm (m)	arm	[arm]
Finger (m)	vinger	[fiŋər]
Nagel (m)	nael	[naəl]
Handfläche (f)	palm	[palm]

Schulter (f)	skouer	[skæʊər]
Bein (n)	been	[beən]
Fuß (m)	voet	[fut]
Knie (n)	knie	[kni]
Ferse (f)	hakskeen	[hak·skeən]

| Rücken (m) | rug | [ruχ] |
| Taille (f) | middel | [middəl] |

| Leberfleck (m) | moesie | [musi] |
| Muttermal (n) | moedervlek | [mudər·flek] |

5. Medizin. Krankheiten. Medikamente

Gesundheit (f)	gesondheid	[χesonthæjt]
gesund (Adj)	gesond	[χesont]
Krankheit (f)	siekte	[siktə]
krank sein	siek wees	[sik veəs]
krank (Adj)	siek	[sik]

Erkältung (f)	verkoue	[ferkæʊə]
Angina (f)	keelontsteking	[keəl·ontstekiŋ]
Lungenentzündung (f)	longontsteking	[loŋ·ontstekiŋ]
Grippe (f)	griep	[χrip]

Schnupfen (m)	loopneus	[loəpnøəs]
Husten (m)	hoes	[hus]
husten (vi)	hoes	[hus]
niesen (vi)	nies	[nis]

Schlaganfall (m)	beroerte	[berurtə]
Infarkt (m)	hartaanval	[hart·ãnfal]
Allergie (f)	allergie	[allerχi]
Asthma (n)	asma	[asma]
Diabetes (m)	suikersiekte	[sœikər·siktə]

Tumor (m)	tumor	[tumor]
Krebs (m)	kanker	[kankər]
Alkoholismus (m)	alkoholisme	[alkoholismə]
AIDS	VIGS	[vigs]
Fieber (n)	koors	[koərs]
Seekrankheit (f)	seesiekte	[seə·siktə]

blauer Fleck (m)	blou kol	[blæʊ kol]
Beule (f)	knop	[knop]
hinken (vi)	hink	[hink]
Verrenkung (f)	ontwrigting	[ontwriχtiŋ]
ausrenken (vt)	ontwrig	[ontwrəχ]

Fraktur (f)	breuk	[brøək]
Verbrennung (f)	brandwond	[brant·vont]
Verletzung (f)	besering	[beseriŋ]
Schmerz (m)	pyn	[pajn]
Zahnschmerz (m)	tandpyn	[tand·pajn]

schwitzen (vi)	sweet	[sweət]
taub	doof	[doəf]
stumm	stom	[stom]
Immunität (f)	immuniteit	[immunitæjt]

Virus (m, n)	virus	[firus]
Mikrobe (f)	mikrobe	[mikrobə]
Bakterie (f)	bakterie	[bakteri]
Infektion (f)	infeksie	[infeksi]

Krankenhaus (n)	hospitaal	[hospitāl]
Heilung (f)	genesing	[χenesiŋ]
impfen (vt)	inent	[inɛnt]
Reanimation (f)	intensiewe sorg	[intɛnsivə sorχ]
Symptom (n)	simptoom	[simptoəm]
Puls (m)	polsslag	[pols·slaχ]

6. Empfindungen. Gefühle. Unterhaltung

ich	ek, my	[ɛk], [maj]
du	jy	[jəj]
er	hy	[haj]
sie	sy	[saj]
es	dit	[dit]

wir	ons	[ɔŋs]
ihr	julle	[jullə]
Sie (Sg.)	u	[u]
Sie (pl)	u	[u]
sie	hulle	[hullə]

Hallo! (ugs.)	Hallo!	[hallo!]
Hallo! (Amtsspr.)	Hallo!	[hallo!]
Guten Morgen!	Goeie môre!	[χuje mɔrə!]
Guten Tag!	Goeiemiddag!	[χuje·middaχ!]
Guten Abend!	Goeienaand!	[χuje·nānt!]

grüßen (vi, vt)	dagsê	[daχsɛ:]
begrüßen (vt)	groet	[χrut]
Wie geht's?	Hoe gaan dit?	[hu χān dit?]
Wie geht es Ihnen?	Hoe gaan dit?	[hu χān dit?]
Auf Wiedersehen!	Totsiens!	[totsiŋs!]
Wiedersehen! Tschüs!	Koebaai!	[kubāi!]
Danke!	Dankie!	[danki!]

Gefühle (pl)	gevoelens	[χefulɛŋs]
hungrig sein	honger wees	[honər veəs]
Durst haben	dors wees	[dors veəs]
müde	moeg	[muχ]

sorgen (vi)	bekommerd wees	[bekommərt veəs]
nervös sein	senuweeagtig wees	[senuveə·aχtəχ veəs]
Hoffnung (f)	hoop	[hoəp]
hoffen (vi)	hoop	[hoəp]
Charakter (m)	karakter	[karaktər]

bescheiden	beskeie	[beskæje]
faul	lui	[lœi]
freigebig	gulhartig	[χulhartəχ]
talentiert	talentvol	[talentfol]

ehrlich	eerlik	[eərlik]
ernst	ernstig	[ɛrnstəχ]
schüchtern	skaam	[skãm]
aufrichtig (Adj)	opregte	[opreχtə]
Feigling (m)	laffaard	[laffãrt]

schlafen (vi)	slaap	[slãp]
Traum (m)	droom	[droəm]
Bett (n)	bed	[bet]
Kissen (n)	kussing	[kussiŋ]

Schlaflosigkeit (f)	slaaploosheid	[slãploəshæjt]
schlafen gehen	gaan slaap	[χãn slãp]
Alptraum (m)	nagmerrie	[naχmerri]
Wecker (m)	wekker	[vɛkkər]

Lächeln (n)	glimlag	[χlimlaχ]
lächeln (vi)	glimlag	[χlimlaχ]
lachen (vi)	lag	[laχ]

Zank (m)	rusie	[rusi]
Kränkung (f)	belediging	[beledəχiŋ]
Beleidigung (f)	gekrenktheid	[χekrɛnkthæjt]
verärgert	kwaad	[kwãt]

7. Kleidung. Persönliche Accessoires

Kleidung (f)	klere	[klerə]
Mantel (m)	jas	[jas]
Pelzmantel (m)	pelsjas	[pelʃas]
Jacke (z.B. Lederjacke)	baadjie	[bãdʒi]
Regenmantel (m)	reënjas	[reɛnjas]
Hemd (n)	hemp	[hemp]
Hose (f)	broek	[bruk]
Jackett (n)	baadjie	[bãdʒi]
Anzug (m)	pak	[pak]

Damenkleid (n)	rok	[rok]
Rock (m)	romp	[romp]
T-Shirt (n)	T-hemp	[te-hemp]
Bademantel (m)	badjas	[batjas]
Schlafanzug (m)	pajama	[pajama]
Arbeitskleidung (f)	werksklere	[verks·klerə]
Unterwäsche (f)	onderklere	[ondərklerə]
Socken (pl)	sokkies	[sokkis]

Büstenhalter (m)	bra	[bra]
Strumpfhose (f)	kousbroek	[kæʊsbruk]
Strümpfe (pl)	kouse	[kæʊsə]
Badeanzug (m)	baaikostuum	[bāj·kostɪm]

Mütze (f)	hoed	[hut]
Schuhe (pl)	skoeisel	[skuisəl]
Stiefel (pl)	laarse	[lārsə]
Absatz (m)	hak	[hak]
Schnürsenkel (m)	skoenveter	[skun·fetər]
Schuhcreme (f)	skoenpolitoer	[skun·politur]

Baumwolle (f)	katoen	[katun]
Wolle (f)	wol	[vol]
Pelz (m)	bont	[bont]

Handschuhe (pl)	handskoene	[handskunə]
Fausthandschuhe (pl)	duimhandskoene	[dœim·handskunə]
Schal (Kaschmir-)	serp	[serp]
Brille (f)	bril	[bril]
Regenschirm (m)	sambreel	[sambreəl]

Krawatte (f)	das	[das]
Taschentuch (n)	sakdoek	[sakduk]
Kamm (m)	kam	[kam]
Haarbürste (f)	haarborsel	[hār·borsəl]
Schnalle (f)	gespe	[χespə]
Gürtel (m)	belt	[bɛlt]
Handtasche (f)	beursie	[bøərsi]

Kragen (m)	kraag	[krāχ]
Tasche (f)	sak	[sak]
Ärmel (m)	mou	[mæʊ]
Hosenschlitz (m)	gulp	[χulp]

Reißverschluss (m)	ritssluiter	[rits·slœitər]
Knopf (m)	knoop	[knoəp]
sich beschmutzen	vuil word	[fœil vort]
Fleck (m)	vlek	[flek]

8. Stadt. Innerstädtische Einrichtungen

Laden (m)	winkel	[vinkəl]
Einkaufszentrum (n)	winkelsentrum	[vinkəl·sentrum]
Supermarkt (m)	supermark	[supermark]
Schuhgeschäft (n)	skoenwinkel	[skun·vinkəl]
Buchhandlung (f)	boekhandel	[buk·handəl]

| Apotheke (f) | apteek | [apteək] |
| Bäckerei (f) | bakkery | [bakkeraj] |

Konditorei (f)	banketbakkery	[banket·bakkeraj]
Lebensmittelladen (m)	kruidenierswinkel	[krœidenirs·vinkəl]
Metzgerei (f)	slagter	[slaχtər]
Gemüseladen (m)	groentewinkel	[χruntə·vinkəl]
Markt (m)	mark	[mark]

Friseursalon (m)	haarsalon	[hãr·salon]
Post (f)	poskantoor	[pos·kantoər]
chemische Reinigung (f)	droogskoonmakers	[droəχ·skoən·makers]
Zirkus (m)	sirkus	[sirkus]
Zoo (m)	dieretuin	[dirə·tœin]
Theater (n)	teater	[teatər]
Kino (n)	bioskoop	[bioskoəp]
Museum (n)	museum	[musøəm]
Bibliothek (f)	biblioteek	[biblioteək]

Moschee (f)	moskee	[moskeə]
Synagoge (f)	sinagoge	[sinaχoχə]
Kathedrale (f)	katedraal	[katedrãl]
Tempel (m)	tempel	[tempəl]
Kirche (f)	kerk	[kerk]

Institut (n)	kollege	[kolledʒ]
Universität (f)	universiteit	[unifersitæjt]
Schule (f)	skool	[skoəl]

Hotel (n)	hotel	[hotəl]
Bank (f)	bank	[bank]
Botschaft (f)	ambassade	[ambassadə]
Reisebüro (n)	reisagentskap	[ræjs·aχentskap]

U-Bahn (f)	metro	[metro]
Krankenhaus (n)	hospitaal	[hospitãl]
Tankstelle (f)	petrolstasie	[petrol·stasi]
Parkplatz (m)	parkeerterrein	[parkeər·terræjn]

EINGANG	INGANG	[inχan]
AUSGANG	UITGANG	[œitχan]
DRÜCKEN	STOOT	[stoət]
ZIEHEN	TREK	[trek]

| GEÖFFNET | OOP | [oəp] |
| GESCHLOSSEN | GESLUIT | [χeslœit] |

Denkmal (n)	monument	[monument]
Festung (f)	fort	[fort]
Palast (m)	paleis	[palæjs]

mittelalterlich	Middeleeus	[middeliʊs]
alt (antik)	oud	[æʊt]
national	nasionaal	[naʃionãl]
berühmt	bekend	[bekent]

9. Geld. Finanzen

Geld (n)	geld	[χɛlt]
Münze (f)	muntstuk	[muntstuk]
Dollar (m)	dollar	[dollar]
Euro (m)	euro	[øøro]

Geldautomat (m)	OTM	[o·te·em]
Wechselstube (f)	wisselkantoor	[vissəl·kantoər]
Kurs (m)	wisselkoers	[vissəl·kurs]
Bargeld (n)	kontant	[kontant]
Wie viel?	Hoeveel?	[hufeəl?]
zahlen (vt)	betaal	[betāl]
Lohn (m)	betaling	[betaliŋ]
Wechselgeld (n)	wisselgeld	[vissəl·χɛlt]

Preis (m)	prys	[prajs]
Rabatt (m)	afslag	[afslaχ]
billig	goedkoop	[χudkoəp]
teuer	duur	[dɪr]

Bank (f)	bank	[bank]
Konto (n)	rekening	[rekəniŋ]
Kreditkarte (f)	kredietkaart	[kredit·kārt]
Scheck (m)	tjek	[tʃek]
Scheckbuch (n)	tjekboek	[tʃek·buk]

Schulden (pl)	skuld	[skult]
Schuldner (m)	skuldenaar	[skuldenār]
leihen (vt)	uitleen	[œitleən]
leihen, borgen (Geld usw.)	leen	[leən]

leihen, mieten (ein Auto usw.)	verhuur	[ferhɪr]
auf Kredit	op krediet	[op kredit]
Geldtasche (f)	beursie	[bøørsi]
Safe (m)	brandkas	[brant·kas]
Erbschaft (f)	erfenis	[ɛrfenis]
Vermögen (n)	fortuin	[fortœin]

Steuer (f)	belasting	[belastiŋ]
Geldstrafe (f)	boete	[butə]
bestrafen (vt)	beboet	[bebut]

Großhandels-	groothandels-	[χroət·handəls-]
Einzelhandels-	kleinhandels-	[klæjn·handəls-]
versichern (vt)	verseker	[fersekər]
Versicherung (f)	versekering	[fersekeriŋ]

| Kapital (n) | kapitaal | [kapitāl] |
| Umsatz (m) | omset | [omset] |

Aktie (f)	aandeel	[ãndeəl]
Gewinn (m)	wins	[vins]
gewinnbringend	voordelig	[foərdeləχ]

Krise (f)	krisis	[krisis]
Bankrott (m)	bankrotskap	[bankrotskap]
Bankrott machen	bankrot speel	[bankrot speəl]

Buchhalter (m)	boekhouer	[bukhæʊər]
Lohn (m)	salaris	[salaris]
Prämie (f)	bonus	[bonus]

10. Transport

Bus (m)	bus	[bus]
Straßenbahn (f)	trem	[trem]
Obus (m)	trembus	[trembus]

mit ... fahren	ry per ...	[raj pər ...]
einsteigen (vi)	inklim	[inklim]
aussteigen (aus dem Bus)	uitklim ...	[œitklim ...]

Haltestelle (f)	halte	[haltə]
Endhaltestelle (f)	eindpunt	[æjnd·punt]
Fahrplan (m)	diensrooster	[diŋs·roəstər]
Fahrkarte (f)	kaartjie	[kãrki]
sich verspäten	laat wees	[lãt veəs]

Taxi (n)	taxi	[taksi]
mit dem Taxi	per taxi	[pər taksi]
Taxistand (m)	taxistaanplek	[taksi·stãnplek]

Straßenverkehr (m)	verkeer	[ferkeər]
Hauptverkehrszeit (f)	spitsuur	[spits·ɪr]
parken (vi)	parkeer	[parkeər]

U-Bahn (f)	metro	[metro]
Station (f)	stasie	[stasi]
Zug (m)	trein	[træjn]
Bahnhof (m)	treinstasie	[træjn·stasi]
Schienen (pl)	spoorstawe	[spoər·stawe]
Abteil (n)	kompartiment	[kompartiment]
Liegeplatz (m), Schlafkoje (f)	bed	[bet]

Flugzeug (n)	vliegtuig	[fliχtœiχ]
Flugticket (n)	lugkaartjie	[luχ·kãrki]
Fluggesellschaft (f)	lugredery	[luχrederaj]
Flughafen (m)	lughawe	[luχhavə]
Flug (m)	vlug	[fluχ]
Gepäck (n)	bagasie	[baχasi]

Kofferkuli (m)	bagasiekarretjie	[baχasi·karrəki]
Schiff (n)	skip	[skip]
Kreuzfahrtschiff (n)	toerskip	[tur·skip]
Jacht (f)	jag	[jaχ]
Boot (n)	roeiboot	[ruiboət]
Kapitän (m)	kaptein	[kaptæjn]
Kajüte (f)	kajuit	[kajœit]
Hafen (m)	hawe	[havə]
Fahrrad (n)	fiets	[fits]
Motorroller (m)	bromponie	[bromponi]
Motorrad (n)	motorfiets	[motorfits]
Pedal (n)	pedaal	[pedãl]
Pumpe (f)	pomp	[pomp]
Rad (n)	wiel	[vil]
Auto (n)	motor	[motor]
Krankenwagen (m)	ambulans	[ambulaŋs]
Lastkraftwagen (m)	vragmotor	[fraχ·motor]
gebraucht	gebruik	[χebrœik]
Unfall (m)	motorbotsing	[motor·botsiŋ]
Reparatur (f)	herstel	[herstəl]

11. Essen. Teil 1

Fleisch (n)	vleis	[flæjs]
Hühnerfleisch (n)	hoender	[hundər]
Ente (f)	eend	[eent]
Schweinefleisch (n)	varkvleis	[fark·flæjs]
Kalbfleisch (n)	kalfsvleis	[kalfs·flæjs]
Hammelfleisch (n)	lamsvleis	[lams·flæjs]
Rindfleisch (n)	beesvleis	[beəs·flæjs]
Wurst (f)	wors	[vors]
Ei (n)	eier	[æjer]
Fisch (m)	vis	[fis]
Käse (m)	kaas	[kãs]
Zucker (m)	suiker	[sœikər]
Salz (n)	sout	[sæut]
Reis (m)	rys	[rajs]
Teigwaren (pl)	pasta	[pasta]
Butter (f)	botter	[bottər]
Pflanzenöl (n)	plantaardige olie	[plantãrdiχə oli]
Brot (n)	brood	[broət]
Schokolade (f)	sjokolade	[ʃokaladə]
Wein (m)	wyn	[vajn]
Kaffee (m)	koffie	[koffi]

Milch (f)	melk	[melk]
Saft (m)	sap	[sap]
Bier (n)	bier	[bir]
Tee (m)	tee	[teə]

Tomate (f)	tamatie	[tamati]
Gurke (f)	komkommer	[komkommər]
Karotte (f)	wortel	[vortəl]
Kartoffel (f)	aartappel	[ārtappəl]
Zwiebel (f)	ui	[œi]
Knoblauch (m)	knoffel	[knoffəl]

Kohl (m)	kool	[koəl]
Rote Bete (f)	beet	[beət]
Aubergine (f)	eiervrug	[æjerfruχ]
Dill (m)	dille	[dillə]
Kopf Salat (m)	slaai	[slāi]
Mais (m)	mielie	[mili]

Frucht (f)	vrugte	[fruχtə]
Apfel (m)	appel	[appəl]
Birne (f)	peer	[peər]
Zitrone (f)	suurlemoen	[sɪr·lemun]
Apfelsine (f)	lemoen	[lemun]
Erdbeere (f)	aarbei	[ārbæj]

Pflaume (f)	pruim	[prœim]
Himbeere (f)	framboos	[framboəs]
Ananas (f)	pynappel	[pajnappəl]
Banane (f)	piesang	[pisaŋ]
Wassermelone (f)	waatlemoen	[vātlemun]
Weintrauben (pl)	druif	[drœif]
Melone (f)	spanspek	[spaŋspek]

12. Essen. Teil 2

Küche (f)	kookkuns	[koək·kuns]
Rezept (n)	resep	[resep]
Essen (n)	kos	[kos]

frühstücken (vi)	ontbyt	[ontbajt]
zu Mittag essen	gaan eet	[χān eət]
zu Abend essen	aandete gebruik	[āndetə χebrœik]

Geschmack (m)	smaak	[smāk]
lecker	smaaklik	[smāklik]
kalt	koud	[kæʊt]
heiß	warm	[varm]
süß	soet	[sut]
salzig	sout	[sæʊt]

belegtes Brot (n)	toebroodjie	[tubroədʒi]
Beilage (f)	sygereg	[saj·χerəχ]
Füllung (f)	vulsel	[fulsəl]
Soße (f)	sous	[sæʊs]
Stück (ein ~ Kuchen)	stuk	[stuk]

Diät (f)	dieet	[diət]
Vitamin (n)	vitamien	[fitamin]
Kalorie (f)	kalorie	[kalori]
Vegetarier (m)	vegetariër	[feχetariɛr]

Restaurant (n)	restaurant	[restɔurant]
Kaffeehaus (n)	koffiekroeg	[koffi·kruχ]
Appetit (m)	aptyt	[aptajt]
Guten Appetit!	Smaaklike ete!	[smāklikə etə!]

Kellner (m)	kelner	[kɛlnər]
Kellnerin (f)	kelnerin	[kɛlnərin]
Barmixer (m)	kroegman	[kruχman]
Speisekarte (f)	spyskaart	[spajs·kārt]

Löffel (m)	lepel	[lepəl]
Messer (n)	mes	[mes]
Gabel (f)	vurk	[furk]
Tasse (eine ~ Tee)	koppie	[koppi]

Teller (m)	bord	[bort]
Untertasse (f)	piering	[piriŋ]
Serviette (f)	servet	[serfət]
Zahnstocher (m)	tandestokkie	[tandə·stokki]

bestellen (vt)	bestel	[bestəl]
Gericht (n)	gereg	[χerəχ]
Portion (f)	porsie	[porsi]
Vorspeise (f)	voorgereg	[foərχerəχ]
Salat (m)	slaai	[slāi]
Suppe (f)	sop	[sop]

Nachtisch (m)	nagereg	[naχerəχ]
Konfitüre (f)	konfyt	[konfajt]
Eis (n)	roomys	[roəm·ajs]
Rechnung (f)	rekening	[rekəniŋ]
Rechnung bezahlen	die rekening betaal	[di rekəniŋ betāl]
Trinkgeld (n)	fooitjie	[fojki]

13. Haus. Wohnung. Teil 1

Haus (n)	huis	[hœis]
Landhaus (n)	buitewoning	[bœitə·voniŋ]
Villa (f)	landhuis	[land·hœis]

Stock (m)	verdieping	[ferdipiŋ]
Eingang (m)	ingang	[inχaŋ]
Wand (f)	muur	[mɪr]
Dach (n)	dak	[dak]
Schlot (m)	skoorsteen	[skoərsteən]

Dachboden (m)	solder	[soldər]
Fenster (n)	venster	[fɛŋstər]
Fensterbrett (n)	vensterbank	[fɛŋstər·bank]
Balkon (m)	balkon	[balkon]

Treppe (f)	trap	[trap]
Briefkasten (m)	posbus	[pos·bus]
Müllkasten (m)	vullisblik	[fullis·blik]
Aufzug (m)	hysbak	[hajsbak]

Elektrizität (f)	krag, elektrisiteit	[kraχ], [elektrisitæjt]
Glühbirne (f)	gloeilamp	[χlui·lamp]
Schalter (m)	skakelaar	[skakəlār]
Steckdose (f)	muurprop	[mɪrprop]
Sicherung (f)	sekering	[sekəriŋ]

Tür (f)	deur	[døər]
Griff (m)	deurknop	[døər·knop]
Schlüssel (m)	sleutel	[sløətəl]
Fußmatte (f)	deurmat	[døər·mat]

Schloss (n)	deurslot	[døər·slot]
Türklingel (f)	deurklokkie	[døər·klokki]
Klopfen (n)	klop	[klop]
anklopfen (vi)	klop	[klop]
Türspion (m)	loergaatjie	[lurχāki]

Hof (m)	werf	[verf]
Garten (m)	tuin	[toein]
Schwimmbad (n)	swembad	[swem·bat]
Kraftraum (m)	gim	[χim]
Tennisplatz (m)	tennisbaan	[tɛnnis·bān]
Garage (f)	garage	[χaraʒə]

Privateigentum (n)	privaat besit	[prifāt besit]
Warnschild (n)	waarskuwingsbord	[vārskuviŋs·bort]
Bewachung (f)	sekuriteit	[sekuritæjt]
Wächter (m)	veiligheidswag	[fæjliχæjts·waχ]

Renovierung (f)	opknapwerk	[opknap·werk]
renovieren (vt)	opknap	[opknap]
in Ordnung bringen	aan kant maak	[ān kant māk]
streichen (vt)	verf	[ferf]
Tapete (f)	muurpapier	[mɪr·papir]
lackieren (vt)	vernis	[fernis]
Rohr (n)	pyp	[pajp]

Werkzeuge (pl)	gereedskap	[xereedskap]
Keller (m)	kelder	[kɛldər]
Kanalisation (f)	riolering	[riolerɪŋ]

14. Haus. Wohnung. Teil 2

Wohnung (f)	woonstel	[voəŋstəl]
Zimmer (n)	kamer	[kamər]
Schlafzimmer (n)	slaapkamer	[slāp·kamər]
Esszimmer (n)	eetkamer	[eət·kamər]

Wohnzimmer (n)	sitkamer	[sit·kamər]
Arbeitszimmer (n)	studeerkamer	[studeər·kamər]
Vorzimmer (n)	ingangsportaal	[inxaŋs·portāl]
Badezimmer (n)	badkamer	[bad·kamər]
Toilette (f)	toilet	[tojlet]

| Fußboden (m) | vloer | [flur] |
| Decke (f) | plafon | [plafon] |

Staub abwischen	afstof	[afstof]
Staubsauger (m)	stofsuier	[stof·sœiər]
Staub saugen	stofsuig	[stofsœix]

Schrubber (m)	mop	[mop]
Lappen (m)	stoflap	[stoflap]
Besen (m)	kort besem	[kort besem]
Kehrichtschaufel (f)	skoppie	[skoppi]
Möbel (n)	meubels	[møəbɛls]
Tisch (m)	tafel	[tafel]
Stuhl (m)	stoel	[stul]
Sessel (m)	gemakstoel	[xemak·stul]

Bücherschrank (m)	boekkas	[buk·kas]
Regal (n)	rak	[rak]
Schrank (m)	klerekas	[klerə·kas]

Spiegel (m)	spieël	[spiɛl]
Teppich (m)	mat	[mat]
Kamin (m)	vuurherd	[fɪr·hert]
Vorhänge (pl)	gordyne	[xordajnə]
Tischlampe (f)	tafellamp	[tafel·lamp]
Kronleuchter (m)	kroonlugter	[kroən·luxtər]

Küche (f)	kombuis	[kombœis]
Gasherd (m)	gasstoof	[xas·stoəf]
Elektroherd (m)	elektriese stoof	[elektrisə stoəf]
Mikrowellenherd (m)	mikrogolfoond	[mikroxolf·oent]
Kühlschrank (m)	yskas	[ajs·kas]
Tiefkühltruhe (f)	vrieskas	[friskas]

| Geschirrspülmaschine (f) | skottelgoedwasser | [skottɛlχud·wassər] |
| Wasserhahn (m) | kraan | [krān] |

Fleischwolf (m)	vleismeul	[flæjs·møəl]
Saftpresse (f)	versapper	[fersappər]
Toaster (m)	broodrooster	[broəd·roəstər]
Mixer (m)	menger	[meŋər]

Kaffeemaschine (f)	koffiemasjien	[koffi·maʃin]
Wasserkessel (m)	fluitketel	[flœit·ketəl]
Teekanne (f)	teepot	[teə·pot]

Fernseher (m)	TV-stel	[te·fe-stəl]
Videorekorder (m)	videomasjien	[video·maʃin]
Bügeleisen (n)	strykyster	[strajk·ajstər]
Telefon (n)	telefoon	[telefoən]

15. Beschäftigung. Sozialstatus

Direktor (m)	direkteur	[direktøər]
Vorgesetzte (m)	hoof	[hoəf]
Präsident (m)	direkteur	[direktøər]
Helfer (m)	assistent	[assistent]
Sekretär (m)	sekretaris	[sekretaris]

Besitzer (m)	eienaar	[æjenār]
Partner (m)	vennoot	[fɛnnoət]
Aktionär (m)	aandeelhouer	[āndeəl·hæʊər]

Geschäftsmann (m)	sakeman	[sakəman]
Millionär (m)	miljoenêr	[miljunær]
Milliardär (m)	miljardêr	[miljardær]

Schauspieler (m)	akteur	[aktøər]
Architekt (m)	argitek	[arχitek]
Bankier (m)	bankier	[bankir]
Makler (m)	makelaar	[makəlār]
Tierarzt (m)	veearts	[feə·arts]
Arzt (m)	dokter	[doktər]
Zimmermädchen (n)	kamermeisie	[kamər·mæjsi]
Designer (m)	ontwerper	[ontwerpər]
Korrespondent (m)	korrespondent	[korrespondɛnt]
Ausfahrer (m)	koerier	[kurir]

Elektriker (m)	elektrisiën	[ɛlektrisiɛn]
Musiker (m)	musikant	[musikant]
Kinderfrau (f)	babasitter	[babasittər]
Friseur (m)	haarkapper	[hār·kappər]
Hirt (m)	herder	[herdər]
Sänger (m)	sanger	[saŋər]

Übersetzer (m)	vertaler	[fertalər]
Schriftsteller (m)	skrywer	[skrajvər]
Zimmermann (m)	timmerman	[timmerman]
Koch (m)	kok	[kok]

Feuerwehrmann (m)	brandweerman	[brantveər·man]
Polizist (m)	polisieman	[polisi·man]
Briefträger (m)	posbode	[pos·bodə]
Programmierer (m)	programmeur	[proχrammøər]
Verkäufer (m)	verkoper	[ferkopər]

Arbeiter (m)	werker	[verkər]
Gärtner (m)	tuinman	[tœin·man]
Klempner (m)	loodgieter	[loədχitər]
Zahnarzt (m)	tandarts	[tand·arts]
Flugbegleiterin (f)	lugwaardin	[luχ·wãrdin]

Tänzer (m)	danser	[daŋsər]
Leibwächter (m)	lyfwag	[lajf·waχ]
Wissenschaftler (m)	wetenskaplike	[vetɛŋskaplikə]
Lehrer (m)	onderwyser	[ondərwajsər]

Farmer (m)	boer	[bur]
Chirurg (m)	chirurg	[ʃirurχ]
Bergarbeiter (m)	mynwerker	[majn·werkər]
Chefkoch (m)	sjef	[ʃef]
Fahrer (m)	bestuurder	[bestɪrdər]

16. Sport

Sportart (f)	sportsoorte	[sport·soərtə]
Fußball (m)	sokker	[sokkər]
Eishockey (n)	hokkie	[hokki]
Basketball (m)	basketbal	[basketbal]
Baseball (m, n)	bofbal	[bofbal]

Volleyball (m)	vlugbal	[fluχbal]
Boxen (n)	boks	[boks]
Ringen (n)	stoei	[stui]
Tennis (n)	tennis	[tɛnnis]
Schwimmen (n)	swem	[swem]

Schach (n)	skaak	[skãk]
Lauf (m)	hardloop	[hardloəp]
Leichtathletik (f)	atletiek	[atletik]
Eiskunstlauf (m)	kunsskaats	[kuns·skãts]
Radfahren (n)	fiets	[fits]

| Billard (n) | biljart | [biljart] |
| Bodybuilding (n) | liggaamsbou | [liχχãmsbæʊ] |

Golf (n)	gholf	[golf]
Tauchen (n)	duik	[dœik]
Segelsport (m)	seil	[sæjl]
Bogenschießen (n)	boogskiet	[boəχ·skit]

Halbzeit (f)	helfte	[hɛlftə]
Halbzeit (f), Pause (f)	rustyd	[rustajt]
Unentschieden (n)	gelykspel	[χelajkspəl]
unentschieden spielen	gelykop speel	[χelajkop speəl]

Laufband (n)	trapmeul	[trapmøəl]
Spieler (m)	speler	[spelər]
Ersatzspieler (m)	plaasvervanger	[plãs·ferfaŋər]
Ersatzbank (f)	plaasvervangersbank	[plãs·ferfaŋərs·bank]

Spiel (n)	wedstryd	[vedstrajt]
Tor (n)	doel	[dul]
Torwart (m)	doelwagter	[dul·waχtər]
Tor (n)	doelpunt	[dulpunt]

Olympische Spiele (pl)	**Olimpiese Spele**	[olimpisə spelə]
Finale (n)	**finale**	[finalə]
Meister (m)	**kampioen**	[kampiun]
Meisterschaft (f)	**kampioenskap**	[kampiunskap]

Sieger (m)	oorwinnaar	[oərwinnãr]
Sieg (m)	oorwinning	[oərwinniŋ]
gewinnen (Sieger sein)	wen	[ven]
verlieren (vt)	verloor	[ferloər]
Medaille (f)	medalje	[medaljə]
der erste Platz	eerste plek	[eərstə plek]
der zweite Platz	tweede plek	[tweədə plek]
der dritte Platz	derde plek	[derdə plek]

Stadion (n)	stadion	[stadion]
Fan (m)	ondersteuner	[ondərstøənər]
Trainer (m)	breier	[bræjer]
Training (n)	oefen	[ufen]

17. Fremdsprachen. Orthografie

Sprache (f)	taal	[tãl]
studieren (z.B. Jura ~)	studeer	[studeər]
Aussprache (f)	uitspraak	[œitsprãk]
Akzent (m)	aksent	[aksent]

Substantiv (n)	**selfstandige naamwoord**	[sɛlfstandiχə nãmwoərt]
Adjektiv (n)	**byvoeglike naamwoord**	[bajfuχlikə nãmwoərt]
Verb (n)	**werkwoord**	[verk·woərt]
Adverb (n)	**bijwoord**	[bij·woərt]

Pronomen (n)	voornaamwoord	[foərnãm·voərt]
Interjektion (f)	tussenwerpsel	[tussən·werpsəl]
Präposition (f)	voorsetsel	[foərsetsəl]
Wurzel (f)	stam	[stam]
Endung (f)	agtervoegsel	[aχtər·fuχsəl]
Vorsilbe (f)	voorvoegsel	[foər·fuχsəl]
Silbe (f)	lettergreep	[lɛttər·χreəp]
Suffix (n), Nachsilbe (f)	agtervoegsel, suffiks	[aχtər·fuχsəl], [suffiks]
Betonung (f)	klemteken	[klem·tekən]
Punkt (m)	punt	[punt]
Komma (n)	komma	[komma]
Doppelpunkt (m)	dubbelpunt	[dubbəl·punt]
Auslassungspunkte (pl)	beletselteken	[beletsəl·tekən]
Frage (f)	vraag	[frãχ]
Fragezeichen (n)	vraagteken	[frãχ·tekən]
Ausrufezeichen (n)	uitroepteken	[œitrup·tekən]
in Anführungszeichen	tussen aanhalingstekens	[tussən ãnhaliŋs·tekəŋs]
in Klammern	tussen hakies	[tussən hakis]
Buchstabe (m)	letter	[lɛttər]
Großbuchstabe (m)	hoofletter	[hoəf·lɛttər]
Satz (m)	sin	[sin]
Wortverbindung (f)	woordgroep	[voərt·χrup]
Redensart (f)	uitdrukking	[œitdrukkiŋ]
Subjekt (n)	onderwerp	[ondərwerp]
Prädikat (n)	predikaat	[predikãt]
Zeile (f)	reël	[recl]
Absatz (m)	paragraaf	[paraχrãf]
Synonym (n)	sinoniem	[sinonim]
Antonym (n)	antoniem	[antonim]
Ausnahme (f)	uitsondering	[œitsondəriŋ]
unterstreichen (vt)	onderstreep	[ondərstreəp]
Regeln (pl)	reëls	[recls]
Grammatik (f)	grammatika	[χrammatika]
Vokabular (n)	woordeskat	[voərdeskat]
Phonetik (f)	fonetika	[fonetika]
Alphabet (n)	alfabet	[alfabet]
Lehrbuch (n)	handboek	[hand·buk]
Wörterbuch (n)	woordeboek	[voərdə·buk]
Sprachführer (m)	taalgids	[tãl·χids]
Wort (n)	woord	[voərt]
Bedeutung (f)	betekenis	[betekənis]
Gedächtnis (n)	geheue	[χəhøə]

18. Die Erde. Geografie

Erde (f)	die Aarde	[di ãrdə]
Erdkugel (f)	die aardbol	[di ãrdbol]
Planet (m)	planeet	[planeət]

Geographie (f)	geografie	[χeoχrafi]
Natur (f)	natuur	[natır]
Landkarte (f)	kaart	[kãrt]
Atlas (m)	atlas	[atlas]

im Norden	in die noorde	[in di noərdə]
im Süden	in die suide	[in di sœidə]
im Westen	in die weste	[in di vestə]
im Osten	in die ooste	[in di oəstə]

Meer (n), See (f)	see	[seə]
Ozean (m)	oseaan	[oseãn]
Golf (m)	golf	[χolf]
Meerenge (f)	straat	[strãt]

Kontinent (m)	kontinent	[kontinent]
Insel (f)	eiland	[æjlant]
Halbinsel (f)	skiereiland	[skir·æjlant]
Archipel (m)	argipel	[arχipəl]

Hafen (m)	hawe	[havə]
Korallenriff (n)	koraalrif	[korãl·rif]
Ufer (n)	oewer	[uvər]
Küste (f)	kus	[kus]

| Flut (f) | hoogwater | [hoəχ·vatər] |
| Ebbe (f) | laagwater | [lãχ·vatər] |

Breite (f)	breedtegraad	[breədtə·χrãt]
Länge (f)	lengtegraad	[leŋtə·χrãt]
Breitenkreis (m)	parallel	[paralləl]
Äquator (m)	ewenaar	[ɛvenãr]

Himmel (m)	hemel	[heməl]
Horizont (m)	horison	[horison]
Atmosphäre (f)	atmosfeer	[atmosfeər]

Berg (m)	berg	[berχ]
Gipfel (m)	top	[top]
Fels (m)	krans	[kraŋs]
Hügel (m)	kop	[kop]

Vulkan (m)	vulkaan	[fulkãn]
Gletscher (m)	gletser	[χletsər]
Wasserfall (m)	waterval	[vatər·fal]

Ebene (f)	vlakte	[flaktə]
Fluss (m)	rivier	[rifir]
Quelle (f)	bron	[bron]
Ufer (n)	oewer	[uvər]
stromabwärts	stroomafwaarts	[stroəm·afvārts]
stromaufwärts	stroomopwaarts	[stroəm·opvārts]

See (m)	meer	[meər]
Damm (m)	damwal	[dam·wal]
Kanal (m)	kanaal	[kanāl]
Sumpf (m), Moor (n)	moeras	[muras]
Eis (n)	ys	[ajs]

19. Länder. Teil 1

Europa (n)	Europa	[øəropa]
Europäische Union (f)	Europese Unie	[øəropesə uni]
Europäer (m)	Europeaan	[øəropeān]
europäisch	Europees	[øəropeəs]

Österreich	Oostenryk	[oəstenrajk]
Großbritannien	Groot-Brittanje	[xroət-brittanje]
England	Engeland	[ɛŋəlant]
Belgien	België	[belχiɛ]
Deutschland	Duitsland	[dœitslant]

Niederlande (f)	Nederland	[nedərlant]
Holland (n)	Holland	[hollant]
Griechenland	Griekeland	[xrikəlant]
Dänemark	Denemarke	[denemarkə]
Irland	Ierland	[irlant]

Island	Ysland	[ajslant]
Spanien	Spanje	[spanjə]
Italien	Italië	[italiɛ]
Zypern	Ciprus	[siprus]
Malta	Malta	[malta]

Norwegen	Noorweë	[noərweɛ]
Portugal	Portugal	[portuχal]
Finnland	Finland	[finlant]
Frankreich	Frankryk	[frankrajk]
Schweden	Swede	[swedə]

Schweiz (f)	Switserland	[switsərlant]
Schottland	Skotland	[skotlant]
Vatikan (m)	Vatikaan	[fatikān]
Liechtenstein	Lichtenstein	[liχtɛŋstejn]
Luxemburg	Luksemburg	[luksemburχ]
Monaco	Monako	[monako]

Albanien	**Albanië**	[albaniɛ]
Bulgarien	**Bulgarye**	[bulχaraje]
Ungarn	**Hongarye**	[honχaraje]
Lettland	**Letland**	[letlant]

Litauen	**Litoue**	[litæʊə]
Polen	**Pole**	[polə]
Rumänien	**Roemenië**	[rumeniɛ]
Serbien	**Serwië**	[serwiɛ]
Slowakei (f)	**Slowakye**	[slovakaje]

Kroatien	**Kroasië**	[kroasiɛ]
Tschechien	**Tjeggië**	[tʃeχiɛ]
Estland	**Estland**	[ɛstlant]
Bosnien und Herzegowina	**Bosnië & Herzegowina**	[bosniɛ en hersegovina]
Makedonien	**Masedonië**	[masedoniɛ]

Slowenien	**Slovenië**	[slofeniɛ]
Montenegro	**Montenegro**	[montənegro]
Weißrussland	**Belarus**	[belarus]
Moldawien	**Moldawië**	[moldaviɛ]
Russland	**Rusland**	[ruslant]
Ukraine (f)	**Oekraïne**	[ukraïnə]

20. Länder. Teil 2

Asien	**Asië**	[asiɛ]
Vietnam	**Viëtnam**	[viɛtnam]
Indien	**Indië**	[indiɛ]
Israel	**Israel**	[israəl]
China	**Sjina**	[ʃina]

Libanon (m)	**Libanon**	[libanon]
Mongolei (f)	**Mongolië**	[monχoliɛ]
Malaysia	**Maleisië**	[malæjsiɛ]
Pakistan	**Pakistan**	[pakistan]
Saudi-Arabien	**Saoedi-Arabië**	[saudi-arabiɛ]

Thailand	**Thailand**	[tajlant]
Taiwan	**Taiwan**	[tajvan]
Türkei (f)	**Turkye**	[turkaje]
Japan	**Japan**	[japan]
Afghanistan	**Afghanistan**	[afχanistan]

Bangladesch	**Bangladesj**	[bangladeʃ]
Indonesien	**Indonesië**	[indonesiɛ]
Jordanien	**Jordanië**	[jordaniɛ]
Irak	**Irak**	[irak]
Iran	**Iran**	[iran]
Kambodscha	**Kambodja**	[kambodja]

Kuwait	**Kuwait**	[kuvajt]
Laos	**Laos**	[laos]
Myanmar	**Myanmar**	[mjanmar]
Nepal	**Nepal**	[nepal]

Vereinigten Arabischen Emirate	**Verenigde Arabiese Emirate**	[fereniҳdǝ arabisǝ emiratǝ]
Syrien	**Sirië**	[siriɛ]
Palästina	**Palestina**	[palestina]
Südkorea	**Suid-Korea**	[sœid-korea]
Nordkorea	**Noord-Korea**	[noǝrd-korea]

Die Vereinigten Staaten	**Verenigde State van Amerika**	[fereniҳdǝ statǝ fan amerika]
Kanada	**Kanada**	[kanada]
Mexiko	**Meksiko**	[meksiko]
Argentinien	**Argentinië**	[arҳentiniɛ]
Brasilien	**Brasilië**	[brasiliɛ]

Kolumbien	**Colombia, Kolombië**	[kolombia], [kolombiɛ]
Kuba	**Kuba**	[kuba]
Chile	**Chili**	[tʃili]
Venezuela	**Venezuela**	[fenesuela]
Ecuador	**Ecuador**	[ɛkuador]

Die Bahamas	**die Bahamas**	[di bahamas]
Panama	**Panama**	[panama]
Ägypten	**Egipte**	[ɛҳiptǝ]
Marokko	**Marokko**	[marokko]
Tunesien	**Tunisië**	[tunisiɛ]

Kenia	**Kenia**	[kenia]
Libyen	**Libië**	[libiɛ]
Republik Südafrika	**Suid-Afrika**	[sœid-afrika]
Australien	**Australië**	[ɔustraliɛ]
Neuseeland	**Nieu-Seeland**	[niu-seǝlant]

21. Wetter. Naturkatastrophen

Wetter (n)	**weer**	[veǝr]
Wetterbericht (m)	**weersvoorspelling**	[veǝrs·foǝrspɛliŋ]
Temperatur (f)	**temperatuur**	[temperatɪr]
Thermometer (n)	**termometer**	[termometǝr]
Barometer (n)	**barometer**	[barometǝr]

Sonne (f)	**son**	[son]
scheinen (vi)	**skyn**	[skajn]
sonnig (Adj)	**sonnig**	[sonnǝҳ]
aufgehen (vi)	**opkom**	[opkom]
untergehen (vi)	**ondergaan**	[ondǝrҳān]

Regen (m)	reën	[reɛn]
Es regnet	dit reën	[dit reɛn]
strömender Regen (m)	stortbui	[stortbœi]
Regenwolke (f)	reënwolk	[reɛn·wolk]
Pfütze (f)	poeletjie	[puləki]
nass werden (vi)	nat word	[nat vort]

Gewitter (n)	donderstorm	[dondər·storm]
Blitz (m)	weerlig	[veərləχ]
blitzen (vi)	flits	[flits]
Donner (m)	donder	[dondər]
Es donnert	dit donder	[dit dondər]
Hagel (m)	hael	[haəl]
Es hagelt	dit hael	[dit haəl]

Hitze (f)	hitte	[hittə]
ist heiß	dis vrekwarm	[dis frekvarm]
ist warm	dit is warm	[dit is varm]
ist kalt	dis koud	[dis kæʊt]

Nebel (m)	mis	[mis]
neblig (-er Tag)	mistig	[mistəχ]
Wolke (f)	wolk	[volk]

| bewölkt, wolkig | bewolk | [bevolk] |
| Feuchtigkeit (f) | vogtigheid | [foχtiχæjt] |

Schnee (m)	sneeu	[sniʊ]
Es schneit	dit sneeu	[dit sniʊ]
Frost (m)	ryp	[rajp]

| unter Null | onder nul | [ondər nul] |
| Reif (m) | ruigryp | [rœiχ·rajp] |

Unwetter (n)	slegte weer	[sleχtə veər]
Katastrophe (f)	ramp	[ramp]
Überschwemmung (f)	oorstroming	[oərstromiɲ]

| Lawine (f) | lawine | [lavinə] |
| Erdbeben (n) | aardbewing | [ārd·beviɲ] |

| Erschütterung (f) | aardskok | [ārd·skok] |
| Epizentrum (n) | episentrum | [ɛpisentrum] |

| Ausbruch (m) | uitbarsting | [œitbarstiɲ] |
| Lava (f) | lawa | [lava] |

Tornado (m)	tornado	[tornado]
Wirbelsturm (m)	tornado	[tornado]
Orkan (m)	orkaan	[orkān]
Tsunami (m)	tsunami	[tsunami]
Zyklon (m)	sikloon	[sikloən]

22. Tiere. Teil 1

| Tier (n) | dier | [dir] |
| Raubtier (n) | roofdier | [roəf·dir] |

Tiger (m)	tier	[tir]
Löwe (m)	leeu	[liʊ]
Wolf (m)	wolf	[volf]
Fuchs (m)	vos	[fos]
Jaguar (m)	jaguar	[jaχuar]

Luchs (m)	los	[los]
Kojote (m)	prêriewolf	[præri·volf]
Schakal (m)	jakkals	[jakkals]
Hyäne (f)	hiëna	[hiɛna]

Eichhörnchen (n)	eekhoring	[eəkhoriŋ]
Igel (m)	krimpvarkie	[krimpfarki]
Kaninchen (n)	konyn	[konajn]
Waschbär (m)	wasbeer	[vasbeər]

Hamster (m)	hamster	[hamstər]
Maulwurf (m)	mol	[mol]
Maus (f)	muis	[mœis]
Ratte (f)	rot	[rot]
Fledermaus (f)	vlermuis	[fler·mœis]

Biber (m)	bewer	[bevər]
Pferd (n)	perd	[pert]
Hirsch (m)	hert	[hert]
Kamel (n)	kameel	[kameəl]
Zebra (n)	sebra, kwagga	[sebra], [kwaχχa]

Wal (m)	walvis	[valfis]
Seehund (m)	seehond	[seə·hont]
Walroß (n)	walrus	[valrus]
Delfin (m)	dolfyn	[dolfajn]

Bär (m)	beer	[beər]
Affe (m)	aap	[āp]
Elefant (m)	olifant	[olifant]
Nashorn (n)	renoster	[renostər]
Giraffe (f)	kameelperd	[kameəl·pert]

Flusspferd (n)	seekoei	[seə·kui]
Känguru (n)	kangaroe	[kanχaru]
Katze (f)	kat	[kat]
Hund (m)	hond	[hont]

| Kuh (f) | koei | [kui] |
| Stier (m) | bul | [bul] |

| Schaf (n) | skaap | [skāp] |
| Ziege (f) | bok | [bok] |

Esel (m)	donkie, esel	[donki], [eisəl]
Schwein (n)	vark	[fark]
Huhn (n)	hoender, hen	[hundər], [hen]
Hahn (m)	haan	[hān]

Ente (f)	eend	[eent]
Gans (f)	gans	[χaŋs]
Pute (f)	kalkoen	[kalkun]
Schäferhund (m)	herdershond	[herdərs·hont]

23. Tiere. Teil 2

Vogel (m)	voël	[foɛl]
Taube (f)	duif	[dœif]
Spatz (m)	mossie	[mossi]
Meise (f)	mees	[meəs]
Elster (f)	ekster	[ɛkstər]

Adler (m)	arend	[arɛnt]
Habicht (m)	sperwer	[sperwər]
Falke (m)	valk	[falk]

Schwan (m)	swaan	[swān]
Kranich (m)	kraanvoël	[krān·foɛl]
Storch (m)	ooievaar	[ojefār]
Papagei (m)	papegaai	[papəχāi]
Pfau (m)	pou	[pæʊ]
Strauß (m)	volstruis	[folstrœis]

Reiher (m)	reier	[ræjer]
Nachtigall (f)	nagtegaal	[naχteχāl]
Schwalbe (f)	swael	[swaəl]
Specht (m)	speg	[speχ]
Kuckuck (m)	koekoek	[kukuk]
Eule (f)	uil	[œil]

Pinguin (m)	pikkewyn	[pikkəvajn]
Tunfisch (m)	tuna	[tuna]
Forelle (f)	forel	[forəl]
Aal (m)	paling	[paliŋ]

Hai (m)	haai	[hāi]
Krabbe (f)	krap	[krap]
Meduse (f)	jellievis	[jelli·fis]
Krake (m)	seekat	[seə·kat]
Seestern (m)	seester	[seə·stər]
Seeigel (m)	see-egel, seekastaiing	[seə-eχel], [seə·kastajiŋ]

| Seepferdchen (n) | seeperdjie | [seə·perdʒi] |
| Garnele (f) | garnaal | [χarnãl] |

Schlange (f)	slang	[slaŋ]
Viper (f)	adder	[addər]
Eidechse (f)	akkedis	[akkedis]
Leguan (m)	leguaan	[leχuãn]
Chamäleon (n)	verkleurmannetjie	[ferkløør·manneki]
Skorpion (m)	skerpioen	[skerpiun]

Schildkröte (f)	skilpad	[skilpat]
Frosch (m)	padda	[padda]
Krokodil (n)	krokodil	[krokodil]
Insekt (n)	insek	[insek]
Schmetterling (m)	skoenlapper	[skunlappər]
Ameise (f)	mier	[mir]
Fliege (f)	vlieg	[fliχ]

Mücke (f)	muskiet	[muskit]
Käfer (m)	kewer	[kevər]
Biene (f)	by	[baj]
Spinne (f)	spinnekop	[spinnə·kop]
Marienkäfer (m)	lieweheersbesie	[liveheers·besi]

24. Flora. Bäume

Baum (m)	boom	[boəm]
Birke (f)	berk	[berk]
Eiche (f)	eik	[æjk]
Linde (f)	lindeboom	[lində·boəm]
Espe (f)	trilpopulier	[trilpopulir]

Ahorn (m)	esdoring	[ɛsdoriŋ]
Fichte (f)	spar	[spar]
Kiefer (f)	denneboom	[dɛnnə·boəm]
Zeder (f)	seder	[sedər]

Pappel (f)	populier	[populir]
Vogelbeerbaum (m)	lysterbessie	[lajstərbɛssi]
Buche (f)	beuk	[bøək]
Ulme (f)	olm	[olm]

Esche (f)	esboom	[ɛs·boəm]
Kastanie (f)	kastaiing	[kastajiŋ]
Palme (f)	palm	[palm]
Strauch (m)	struik	[strœik]

Pilz (m)	paddastoel	[paddastul]
Giftpilz (m)	giftige paddastoel	[χiftiχə paddastul]
Steinpilz (m)	Eetbare boleet	[eətbarə boleət]

Täubling (m)	russula	[russula]
Fliegenpilz (m)	vlieëswam	[fliɛ·swam]
Grüner Knollenblätterpilz	duiwelsbrood	[dœivɛls·broət]

Blume (f)	blom	[blom]
Blumenstrauß (m)	boeket	[buket]
Rose (f)	roos	[roəs]
Tulpe (f)	tulp	[tulp]
Nelke (f)	angelier	[anχəlir]

Kamille (f)	kamille	[kamillə]
Kaktus (m)	kaktus	[kaktus]
Maiglöckchen (n)	dallelie	[dalleli]
Schneeglöckchen (n)	sneeuklokkie	[sniʊ·klokki]
Seerose (f)	waterlelie	[vatər·leli]

Gewächshaus (n)	broeikas	[bruikas]
Rasen (m)	grasperk	[χras·perk]
Blumenbeet (n)	blombed	[blom·bet]

Pflanze (f)	plant	[plant]
Gras (n)	gras	[χras]
Blatt (n)	blaar	[blãr]
Blütenblatt (n)	kroonblaar	[kroən·blãr]
Stiel (m)	stingel	[stiŋəl]
Jungpflanze (f)	saailing	[sãjliŋ]

Getreidepflanzen (pl)	graangewasse	[χrãn·χəwassə]
Weizen (m)	koring	[koriŋ]
Roggen (m)	rog	[roχ]
Hafer (m)	hawer	[havər]

Hirse (f)	gierst	[χirst]
Gerste (f)	gars	[χars]
Mais (m)	mielie	[mili]
Reis (m)	rys	[rajs]

25. Verschiedene nützliche Wörter

Anfang (m)	begin	[beχin]
Anstrengung (f)	inspanning	[inspanniŋ]
Anteil (m)	deel	[deəl]
Art (Typ, Sorte)	soort	[soərt]
Auswahl (f)	keuse	[køəsə]

Basis (f)	basis	[basis]
Beispiel (n)	voorbeeld	[foərbeəlt]
Bilanz (f)	balans	[balaŋs]
dringend (Adj)	dringend	[driŋən]

Effekt (m)	**effek**	[ɛffek]
Eigenschaft (Werkstoff~)	**eienskap**	[æjeŋskap]
Element (n)	**element**	[ɛlement]
Entwicklung (f)	**ontwikkeling**	[ontwikkeliŋ]
Fachwort (n)	**term**	[term]
Fehler (m)	**fout**	[fæʊt]
Form (z.B. Kugel-)	**vorm**	[form]
Fortschritt (m)	**vooruitgang**	[foɐrœitχaŋ]
Geheimnis (n)	**geheim**	[χəhæjm]
Grad (Ausmaß)	**graad**	[χrãt]
Halt (m), Pause (f)	**pouse**	[pæʊsə]
Hilfe (f)	**hulp**	[hulp]
Ideal (n)	**ideaal**	[ideãl]
Kategorie (f)	**kategorie**	[kateχori]
Lösung (Problem usw.)	**oplossing**	[oplossiŋ]
Moment (m)	**moment**	[moment]
Nutzen (m)	**nut**	[nut]
Pause (kleine ~)	**pouse**	[pæʊsə]
Position (f)	**posisie**	[posisi]
Problem (n)	**probleem**	[probleəm]
Prozess (m)	**proses**	[proses]
Reaktion (f)	**reaksie**	[reaksi]
Reihe (Sie sind an der ~)	**beurt**	[bøɐrt]
Risiko (n)	**risiko**	[risiko]
Serie (f)	**reeks**	[reəks]
Situation (f)	**toestand**	[tustant]
Standard-	**standaard**	[standãrt]
Stil (m)	**styl**	[stajl]
Hindernis (n)	**hinderpaal**	[hindərpãl]
System (n)	**sisteem**	[sisteəm]
Tabelle (f)	**tabel**	[tabəl]
Tatsache (f)	**feit**	[fæjt]
Tempo (n)	**tempo**	[tempo]
Unterschied (m)	**verskil**	[ferskil]
Variante (f)	**variant**	[fariant]
Vergleich (m)	**vergelyking**	[ferχelajkiŋ]
Wahrheit (f)	**waarheid**	[vãrhæjt]
Weise (Weg, Methode)	**manier**	[manir]
Zone (f)	**sone**	[sonə]
Zufall (m)	**toeval**	[tufal]

26. Adjektive. Teil 1

ähnlich	eenders	[eenders]
alt (z.b. die -en Griechen)	antiek	[antik]
alt, betagt	ou	[æʊ]
andauernd	langdurig	[laŋdurəχ]
arm	arm	[arm]
ausgezeichnet	uitstekend	[œitstekent]
Außen-, äußer	buite-	[bœite-]
bitter	bitter	[bittər]
blind	blind	[blint]
der letzte	laaste	[lãstə]
dicht (-er Nebel)	dig	[diχ]
dumm	dom	[dom]
einfach (Problem usw.)	maklik	[maklik]
eng, schmal (Straße usw.)	smal	[smal]
ergänzend	addisioneel	[addiʃioneəl]
flüssig	vloeibaar	[fluibãr]
fruchtbar (-er Böden)	vrugbaar	[fruχbãr]
gebraucht	gebruik	[χebrœik]
gebräunt (sonnen-)	bruingebrand	[brœiŋəbrant]
gefährlich	gevaarlik	[χefãrlik]
gegensätzlich	teenoorgestel	[teənoərχestəl]
genau, pünktlich	juis	[jœis]
gerade, direkt	reg	[reχ]
geräumig (Raum)	ruim	[rœim]
gesetzlich	wetlik	[vetlik]
gewöhnlich	gewoon	[χevoən]
glatt (z.B. poliert)	glad	[χlat]
glücklich	gelukkig	[χelukkəχ]
groß	groot	[χroət]
hart (harter Stahl)	hard	[hart]
Haupt-	hoof-	[hoəf-]
hauptsächlich	vernaamste	[fernãmstə]
Heimat-	geboorte-	[χeboərtə-]
höflich	beleefd	[beleəft]
innen-	binne-	[binne-]
Kinder-	kinder-	[kindər-]
klein	klein	[klæjn]
klug, clever	slim	[slim]
kompatibel	verenigbaar	[ferenixbãr]
kostenlos, gratis	gratis	[χratis]
krank	siek	[sik]
künstlich	kunsmatig	[kunsmatəχ]

kurz (räumlich)	**kort**	[kort]
lang (langwierig)	**lang**	[laŋ]
laut (-e Stimme)	**hard**	[hart]
lecker	**smaaklik**	[smãklik]
leer (kein Inhalt)	**leeg**	[leeχ]
leicht (wenig Gewicht)	**lig**	[liχ]
leise (~ sprechen)	**sag**	[saχ]
link (-e Seite)	**linker-**	[linkər-]

27. Adjektive. Teil 2

matt (Lack usw.)	**mat**	[mat]
möglich	**moontlik**	[moentlik]
nächst (am -en Tag)	**volgend**	[folχent]
negativ	**negatief**	[neχatif]
neu	**nuut**	[nɪt]
nicht schwierig	**nie moeilik nie**	[ni muilik ni]
normal	**normaal**	[normãl]
obligatorisch, Pflicht-	**verplig**	[ferpləχ]
offen	**oop**	[oəp]
öffentlich	**openbaar**	[openbãr]
original (außergewöhnlich)	**oorspronklik**	[oərspronklik]
persönlich	**persoonlik**	[persoənlik]
rätselhaft	**raaiselagtig**	[rãjselaχtəχ]
recht (-e Hand)	**regter**	[reχtər]
reif (Frucht usw.)	**ryp**	[rajp]
riesig	**kolossaal**	[kolossãl]
riskant	**riskant**	[riskant]
roh (nicht gekocht)	**rou**	[ræʊ]
sauber (rein)	**skoon**	[skoən]
sauer	**suur**	[sɪr]
scharf (-e Messer usw.)	**skerp**	[skerp]
schlecht	**sleg**	[sleχ]
schmutzig	**vuil**	[fœil]
schnell	**vinnig**	[finnəχ]
schön (-es Mädchen)	**pragtig**	[praχtəχ]
schwierig	**moeilik**	[muilik]
seicht (nicht tief)	**vlak**	[flak]
selten	**seldsaam**	[sɛldsãm]
speziell, Spezial-	**spesiaal**	[spesiãl]
stark (-e Konstruktion)	**stewig**	[stevəχ]
stark (kräftig)	**sterk**	[sterk]
süß	**soet**	[sut]
Süß- (Wasser)	**vars**	[fars]

tiefgekühlt	gevries	[χefris]
tot	dood	[doət]
traurig, unglücklich	droewig	[druvəχ]
übermäßig	oormatig	[oərmatəχ]
unbeweglich	doodstil	[doədstil]

undeutlich	onduidelik	[ondœidelik]
Untergrund- (geheim)	agterbaks	[aχtərbaks]
voll (gefüllt)	vol	[fol]
vorig (in der -en Woche)	laas-	[lās-]
vorzüglich	uitstekend	[œitstekent]

wahrscheinlich	waarskynlik	[vārskajnlik]
weich (-e Wolle)	sag	[saχ]
wichtig	belangrik	[belaŋrik]
zentral (in der Mitte)	sentraal	[sentrāl]
zerbrechlich (Porzellan usw.)	breekbaar	[breəkbār]
zufrieden	tevrede	[tefredə]

28. Verben. Teil 1

abbiegen (nach links ~)	draai	[drāi]
abbrechen (vi)	beëindig	[beɛindəχ]
abhängen von …	afhang van …	[afhaŋ fan …]
abschaffen (vt)	kanselleer	[kaŋsɛlleər]
abschicken (vt)	stuur	[stʏr]

ändern (vt)	verander	[ferandər]
Angst haben	bang wees	[baŋ veəs]
anklagen (vt)	beskuldig	[beskuldəχ]
ankommen (vi)	aankom	[ānkom]
ansehen (vt)	kyk na …	[kajk na …]
antworten (vi)	antwoord	[antwoərt]

ankündigen (vt)	aankondig	[ānkondəχ]
arbeiten (vi)	werk	[verk]
auf … zählen	reken op …	[reken op …]
aufbewahren (vt)	bewaar	[bevār]
aufräumen (vt)	skoonmaak	[skoənmāk]

ausschalten (vt)	afskakel	[afskakəl]
bauen (vt)	bou	[bæʊ]
beenden (vt)	klaarmaak	[klārmāk]
beginnen (vt)	begin	[beχin]
bekommen (vt)	ontvang	[ontfaŋ]

besprechen (vt)	bespreek	[bespreək]
bestätigen (vt)	bevestig	[befestəχ]
bestehen auf	aandring	[āndriŋ]

beten (vi)	**bid**	[bit]
beweisen (vt)	**bewys**	[bevajs]
brechen (vt)	**breek**	[breək]
danken (vi)	**dank**	[dank]
denken (vi, vt)	**dink**	[dink]
einladen (vt)	**uitnooi**	[œitnoj]
einschalten (vt)	**aanskakel**	[āŋskakəl]
einstellen (vt)	**ophou**	[ophæʊ]
entscheiden (vt)	**beslis**	[beslis]
entschuldigen (vt)	**verskoon**	[ferskoən]
erklären (vt)	**verduidelik**	[ferdœidəlik]
erlauben, gestatten (vt)	**toelaat**	[tulāt]
ermorden (vt)	**doodmaak**	[doədmāk]
erzählen (vt)	**vertel**	[fertəl]
essen (vi, vt)	**eet**	[eət]
existieren (vi)	**bestaan**	[bestān]
fallen (vi)	**val**	[fal]
fallen lassen	**laat val**	[lāt fal]
fangen (vt)	**vang**	[faŋ]
fehlen (am Arbeitsplatz ~)	**afwesig wees**	[afwesəχ veəs]
finden (vt)	**vind**	[fint]
fliegen (vi)	**vlieg**	[fliχ]
fragen (vt)	**vra**	[fra]
frühstücken (vi)	**ontbyt**	[ontbajt]

29. Verben. Teil 2

geben (vt)	**gee**	[χeə]
geboren sein	**gebore word**	[χeborə vort]
gefallen (vi)	**hou van**	[hæʊ fan]
gehen (zu Fuß gehen)	**gaan**	[χān]
gehören (vi)	**behoort aan ...**	[behoərt ān ...]
glauben (vt)	**glo**	[χlo]
graben (vt)	**grawe**	[χravə]
gratulieren (vi)	**gelukwens**	[χelukwɛŋs]
haben (vt)	**hê**	[hɛ:]
hassen (vt)	**haat**	[hāt]
helfen (vi)	**help**	[hɛlp]
hoffen (vi)	**hoop**	[hoəp]
hören (vt)	**hoor**	[hoər]
jagen (vi)	**jag**	[jaχ]
kaufen (vt)	**koop**	[koəp]
kennen (vt)	**ken**	[ken]

klagen (vi)	kla	[kla]
können (v mod)	kan	[kan]
können (v mod)	kan	[kan]
kopieren (vt)	kopieer	[kopir]

kosten (vt)	kos	[kos]
kränken (vt)	beledig	[beledəχ]
lächeln (vi)	glimlag	[χlimlaχ]
laufen (vi)	hardloop	[hardloəp]
lernen (vt)	studeer	[studeər]

lesen (vi, vt)	lees	[leəs]
lieben (vt)	liefhê	[lifhɛ:]
löschen (vt)	uitvee	[œitfeə]
machen (vt)	doen	[dun]
mieten (Haus usw.)	huur	[hɪr]

müde werden	moeg word	[muχ vort]
nehmen (vt)	vat	[fat]
noch einmal sagen	herhaal	[herhāl]
öffnen (vt)	oopmaak	[oəpmāk]
prüfen (vt)	nagaan	[naχān]
rechnen (vt)	tel	[təl]

reservieren (vt)	bespreek	[bespreək]
retten (vt)	red	[ret]
sagen (vt)	sê	[sɛ:]
schaffen (Etwas Neues zu ~)	skep	[skep]
schießen (vi)	skiet	[skit]
schlagen (vt)	slaan	[slān]

schließen (vt)	sluit	[slœit]
schreiben (vi, vt)	skryf	[skrajf]
schreien (vi)	skreeu	[skriʋ]
schwimmen (vi)	swem	[swem]
sehen (vi, vt)	sien	[sin]

30. Verben. Teil 3

sich beeilen	haastig wees	[hāstəχ veəs]
sich beeilen	opskud	[opskut]
sich entschuldigen	verskoning vra	[ferskoniŋ fra]
sich prügeln	baklei	[baklæj]
sich scheiden lassen	skei	[skæj]

sich setzen	gaan sit	[χān sit]
sich treffen	ontmoet	[ontmut]
gehorchen (vi)	gehoorsaam	[χehoərsām]
singen (vt)	fluit	[flœit]

spielen (vi, vt)	**speel**	[speəl]
sprechen (vi)	**praat**	[prãt]
sprechen mit …	**praat met …**	[prãt met …]
stehlen (vt)	**steel**	[steəl]
sterben (vi)	**doodgaan**	[doədχãn]
stören (vt)	**steur**	[støər]
tanzen (vi, vt)	**dans**	[daŋs]
tauchen (vi)	**duik**	[dœik]
täuschen (vt)	**bedrieg**	[bedrəχ]
teilnehmen (vi)	**deelneem**	[deəlneəm]
trinken (vt)	**drink**	[drink]
trocknen (vt)	**droog**	[droəχ]
übersetzen (Buch usw.)	**vertaal**	[fertãl]
unterschreiben (vt)	**teken**	[tekən]
verachten (vt)	**minag**	[minaχ]
verbieten (vt)	**verbied**	[ferbit]
vergessen (vt)	**vergeet**	[ferχeət]
vergleichen (vt)	**vergelyk**	[ferχəlajk]
verkaufen (vt)	**verkoop**	[ferkoəp]
verlangen (vt)	**eis**	[æjs]
verlieren (Regenschirm usw.)	**verloor**	[ferloər]
verneinen (vt)	**ontken**	[ontken]
versäumen (vt)	**bank**	[bank]
verschwinden (vi)	**verdwyn**	[ferdwajn]
versprechen (vt)	**beloof**	[beloəf]
verstecken (vt)	**wegsteek**	[veχsteək]
verstehen (vt)	**verstaan**	[ferstãn]
versuchen (vt)	**probeer**	[probeər]
vertrauen (vi)	**vertrou**	[fertræʊ]
verzeihen (vt)	**vergewe**	[ferχevə]
voraussehen (vt)	**voorsien**	[foərsin]
vorschlagen (vt)	**voorstel**	[foərstəl]
wählen (vt)	**kies**	[kis]
warten (vi)	**wag**	[vaχ]
weinen (vi)	**huil**	[hœil]
wissen (vt)	**weet**	[veət]
Witz machen	**grappies maak**	[χrappis mãk]
wollen (vt)	**wil**	[vil]
zahlen (vt)	**betaal**	[betãl]
zeigen (jemandem etwas)	**wys**	[vajs]
zu Abend essen	**aandete gebruik**	[ãndetə χebrœik]
zu Mittag essen	**gaan eet**	[χãn eət]
zubereiten (vt)	**kook**	[koək]
zustimmen (vi)	**saamstem**	[sãmstem]
zweifeln (vi)	**twyfel**	[twajfəl]